U0524847

本书出版得到国家级"工商管理本科专业创业人才培养模式创新实验区"项目的资助

企业技术创新的制度安排

孔莉 ◎ 著

中国社会科学出版社

图书在版编目(CIP)数据

企业技术创新的制度安排/孔莉著 . —北京：中国社会科学出版社，2016.1
ISBN 978-7-5161-7560-6

Ⅰ.①企… Ⅱ.①孔… Ⅲ.①企业管理—技术创新机制—研究 Ⅳ.①F273.1

中国版本图书馆CIP数据核字(2016)第022531号

出 版 人	赵剑英
责任编辑	李炳青
责任校对	石春梅
责任印制	李寡寡

出　　版	中国社会科学出版社
社　　址	北京鼓楼西大街甲158号
邮　　编	100720
网　　址	http://www.csspw.cn
发 行 部	010-84083685
门 市 部	010-84029450
经　　销	新华书店及其他书店
印　　刷	北京君升印刷有限公司
装　　订	廊坊市广阳区广增装订厂
版　　次	2016年1月第1版
印　　次	2016年1月第1次印刷
开　　本	710×1000 1/16
印　　张	10.75
字　　数	172千字
定　　价	36.00元

凡购买中国社会科学出版社图书，如有质量问题请与本社营销中心联系调换
电话：010-84083683
版权所有　侵权必究

目 录

第一章 导论 …………………………………………………… (1)
  第一节 问题的提出 ………………………………………… (1)
    一 国家创新体系的构建有赖于积极的创新行为
      及其制度安排 ………………………………………… (2)
    二 企业核心竞争力的实现离不开创新能力的提升
      及其制度安排 ………………………………………… (3)
  第二节 研究意义与目的 …………………………………… (5)
    一 研究意义 …………………………………………… (5)
    二 研究目的 …………………………………………… (8)
  第三节 研究内容及方法 …………………………………… (9)
    一 研究的主要内容 …………………………………… (9)
    二 研究方法 …………………………………………… (11)
  第四节 研究思路与技术路线 ……………………………… (13)
    一 研究思路 …………………………………………… (13)
    二 技术路线 …………………………………………… (13)

第二章 研究综述 ……………………………………………… (15)
  第一节 创新理论的演变 …………………………………… (15)
  第二节 国内外相关研究的进展 …………………………… (19)
    一 企业技术创新宏观制度供给方面的研究 ………… (19)
    二 企业技术创新影响因素方面的研究 ……………… (29)
  第三节 研究评述 …………………………………………… (32)

第三章 企业技术创新的本质 (36)
第一节 关于企业技术创新的经典论述 (36)
一 熊彼特主义者的技术创新理论 (37)
二 经济增长理论中的技术进步 (42)
三 马克思主义者的技术创新思想 (45)
第二节 关于企业技术创新概念界定的述评 (50)
一 国内外学者有关企业技术创新概念的界定 (50)
二 简要评述 (54)
第三节 企业技术创新的本质：制度视角的理解 (56)
一 基于制度视角的企业技术创新的内涵 (56)
二 企业技术创新的本质特征 (62)

第四章 企业技术创新中制度安排的经济学分析 (67)
第一节 企业技术创新成本分析 (68)
一 企业技术创新成本的内涵 (68)
二 对企业技术创新成本构成的分析 (70)
三 企业技术创新成本产生的根本原因 (76)
四 对企业技术创新成本及其构成进行经济学分析的意义 (78)
第二节 企业技术创新中制度安排行为的分析 (80)
一 交易成本理论形成概述 (80)
二 交易成本分析的逻辑架构 (83)
三 企业技术创新中制度安排选择的影响因素分析 (88)
四 企业技术创新中内、外制度安排的关系与选择 (90)
第三节 企业技术创新的制度体系 (96)
一 企业技术创新制度体系的主要特征 (97)
二 企业技术创新制度体系的构成 (99)

第五章 企业技术创新的制度安排：国际比较 (104)
第一节 美国企业技术创新中制度安排的特点及其影响 (104)
一 有完善的法律保障体系 (104)
二 研发投入和支持力度大 (105)

三　突出风险投资的重要地位 …………………………（106）
　　　四　发挥政府采购的积极作用 …………………………（106）
　　　五　有效的企业制度安排 …………………………（107）
　第二节　日本企业技术创新中制度安排的特点及其影响 ……（107）
　　　一　强调产业政策的龙头作用 …………………………（107）
　　　二　重点领域的研发投入逐步提升 ……………………（108）
　　　三　综合使用各种制度和政策 …………………………（109）
　　　四　重视企业技术创新学习机制的构建 ………………（110）
　第三节　借鉴与启示 …………………………………………（110）
　　　一　两国企业技术创新中制度安排的异同比较 ………（110）
　　　二　制度安排对技术创新成本的影响 …………………（111）
　　　三　几点启示 ………………………………………………（113）

第六章　企业技术创新的制度安排：中国现实 ………………（117）
　第一节　中国企业技术创新的制度安排：发展历程 ………（117）
　　　一　中国企业技术创新转型阶段的制度
　　　　　安排（1978—1985年）……………………………（117）
　　　二　中国企业技术创新探索阶段的制度
　　　　　安排（1986—1996年）……………………………（119）
　　　三　中国企业技术创新追赶阶段的制度
　　　　　安排（1997年至今）………………………………（121）
　第二节　中国企业技术创新的制度安排：以高技术
　　　　　企业为例 ………………………………………………（126）
　　　一　中国高技术产业发展及高技术企业技术
　　　　　创新的状况 ……………………………………………（127）
　　　二　中国高技术企业技术创新中存在的问题 …………（133）
　　　三　中国高技术企业技术创新问题产生的制度原因 …（137）
　第三节　完善中国企业技术创新的制度安排 ………………（143）
　　　一　进一步加大产权制度的建设，激发创新主体的
　　　　　积极性 …………………………………………………（144）
　　　二　保持竞争性的市场特征，构建鼓励技术创新的
　　　　　支撑体系 ………………………………………………（145）

三　规范政府干预行为，完善政府相关技术创新政策 …（145）
　　四　推进非正式制度的建设，形成良好的创新
　　　　文化体制 …………………………………………（146）

第七章　研究结论与展望 ……………………………………（147）
　第一节　研究的主要结论 …………………………………（147）
　第二节　研究展望 …………………………………………（149）

参考文献 ………………………………………………………（150）

后　记 …………………………………………………………（161）

图表目录

图1-1 研究的技术路线图 …………………………………………（14）
图4-1 技术创新中制度安排的两种配置成本比较图 ……………（94）
图4-2 替代成本与配置成本比较图 ………………………………（94）
图6-1 1978—2002年中国平均每年发布的技术创新
 政策数目 ………………………………………………………（120）
图6-2 2005—2006年高新区主要经济指标比较 …………………（123）
图6-3 2004年及2005年中国R&D经费按来源划分 ……………（124）
图6-4 2008年与2009年中国高技术产业各行业产值增长
 速度对比 ……………………………………………………（129）
图6-5 1995—2009年中国高技术产业占制造业产值的比重 ……（130）
图6-6 2008年中国高新区科技活动经费投入来源构成 …………（133）
表4-1 技术创新中制度安排两种配置成本对比 …………………（94）
表5-1 2005—2007年日本重点领域研究费 ………………………（109）
表6-1 1997—2005年中国R&D经费支出 ………………………（123）
表6-2 2000—2005年中国科技人员情况 …………………………（124）
表6-3 2008年与2009年中国高技术产业各行业产值增速
 变化情况 ……………………………………………………（128）
表6-4 1995—2009年中国高技术产业总体发展情况 ……………（130）
表6-5 1995—2009年中国高技术产业大中型企业R&D
 经费支出情况 ………………………………………………（131）
表6-6 部分国家高技术产业与制造业R&D强度比较 ……………（135）

第一章　导论

第一节　问题的提出

无论是《周易》所倡导的"变易"的理念，还是管理大师彼得·德鲁克提出的"不创新，即死亡"的观点，都表明了持续不断的思想、技术和制度创新是人类发展、社会进步和经济繁荣的根本动力。如今，全球现代化发展步入以知识为主导的时代，技术创新及其制度安排的作用和影响更是显而易见的了。所以，企业为了获得持续发展的核心竞争力，纷纷在技术创新方面下大力气；而各国政府则将技术创新和进步作为社会、经济发展的基石，以此来提升国家的综合实力和国际竞争力。当然，技术创新的积极作用能否得到有效发挥，主要还是看是否具备适宜创新的宏、微观制度环境和体系。20世纪70年代，道格拉斯·诺斯和于尔根·库钦斯基分别在他们的专著《西方世界的兴起》和《生产力的四次革命》中，考察和论证了制度在西方世界崛起中的决定性作用和制度创新对大工业技术革命形成的推动作用。而他们研究揭示的制度创新的作用，不仅丰富了创新理论研究的内容，也使人们认识到经济增长和企业发展的力量除来源于技术创新外，还与技术创新过程中的制度安排及其创新紧密相关。[①]

[①] Kong Li, "On the Relationship of Corporate M&A, Innovation and Core Competence", *Proceedings ICEE*2011, Shanghai, May 2011, Vol. 8, IEEE Press, p. 7079.

一　国家创新体系的构建有赖于积极的创新行为及其制度安排

改革开放 30 多年来，中国经济保持每年 8%—9% 的增长率，但如此高的增长却主要表现为一种粗放式的增长，是建立在高耗能基础之上的增长。据彭志龙等的研究，我国能源消耗弹性系数已达到 1.74，即我国 GDP 每增长 1%，能耗量则增长 1.74%。每创造 1 美元的 GDP，能耗是世界平均水平的 3 倍，是日本的 7 倍，能源利用率甚至比巴西、印度尼西亚等国还低。[①] 因此许多专家指出，中国如果不加快经济增长方式的转变，将会由于资源的约束而无法实现持续、健康发展，最终将会影响到中国国际竞争力的提升。

1988 年，在与时任捷克斯洛伐克总统的古斯塔夫·胡萨克会谈时，邓小平就提出了"科学技术是第一生产力"的论断。而世界各国的发展经验证明，经济增长方式转变的根本路径是技术创新，其影响着一个国家经济社会的很多方面。一方面，它是一个国家提高经济增长速度的重要途径，往往会影响到产业结构、就业结构等社会经济生活的各个方面，还决定着国家综合竞争力的高低。[②] 1995 年，江泽民在全国科学技术大会上指出："创新是一个民族进步的灵魂，是国家兴旺发达的不竭动力。如果自主创新能力上不去，一味靠技术引进，就永远难以摆脱技术落后的局面。"另一方面，技术创新是一国国家创新体系的重要组成部分。随着全球竞争态势的日益加剧，技术创新对于一国综合国力的提升起着非常重要的作用，因此，各国政府无不通过建立及完善机制体制和采取各种方式来推动本国技术创新活动。在"十一五"的开局之年，中国发布了《国家中长期科学和技术发展规划纲要（2006—2020 年）》，指出，中国的"国家创新体系是以政府为主导、充分发挥市场配置资源的基础性作用、各类科技创新主体紧密联系和有效互动的社会系统"，它是由技术创新体系、知识创新体系、国防科技创新体系、区域创新体系和科技中介服务体系五

---

① 参见彭志龙等《我国能源消费与 GDP 增长关系研究》，《天然气技术》2007 年第 1 卷第 4 期。

② 参见崔远淼《基于企业边界视角的技术创新模式选择研究》，西南财经大学出版社 2009 年版，第 2 页。

个部分组成，即制度环境和机制的完善对于国家创新体系的构建极为重要。金高云研究认为，20世纪50年代以来，技术创新对经济增长的作用在不断增强。20世纪初，发达国家技术创新对国民经济增长的贡献率为5%左右；50—70年代达到50%以上；90年代以来有的国家甚至达到80%以上，而目前我国的技术创新对经济增长的贡献率不足40%①。由此可见，中国的技术创新与发达国家相比，差距还相当大。形成差距的原因固然与技术创新的物质基础有关系，但更主要的是要解决好技术创新制度设计和安排方面存在的问题。唯其如此，才能更有利于扩大技术创新的范围，提升技术创新的层次，形成更多符合经济增长方式转变和结构调整要求的技术创新成果。

二 企业核心竞争力的实现离不开创新能力的提升及其制度安排

当前，在经济全球化、交往网络化和创新知识化进程的推进，以及技术创新周期不断缩短的情况下，企业间的竞争已从以产品为基础的竞争转变为以知识为基础的竞争。所以，面对新的技术创新格局和国际科技及经济激烈竞争的现实挑战，技术创新能力的提升及相应的制度安排在企业生存和发展中的重要性越来越强。这样的认识主要是围绕企业核心竞争力实现来说的。企业核心竞争力关乎企业的生存和发展，是企业运作发展的根本动力，其归根结底体现为企业的创新能力，主要表现在企业的技术创新和制度创新两个方面。也就是说，企业创新能力的形成不仅要求对企业各种生产要素进行科学、有效的组合，而且要通过制度创新实现有限资源的合理配置。就技术创新而言，它是企业核心竞争力实现的基本实践活动。技术是企业生存和发展的发动机，要想发动机源源不断地为企业输送动力，必须进行技术创新。而只有当企业内在的技术能力和技术创新能力足以支持企业核心技术产生，并渗透到核心产品及服务中，使其为用户创造独特价值，企业才能真正拥有核心竞争力。从制度创新的角度看，它则是企业核心竞争力实现的根本保障。实践证明，一个好的企业制度能使企业各项工作有效运转，相反，就会成为严重制约企业发展的桎梏。企业制度

---

① 参见金高云《提升我国区域创新能力的构想》，《工业技术经济》2009年第28卷第2期。

创新包括正式制度创新和非正式制度创新。正式制度的创新具体体现在产权创新、市场创新、组织创新和管理创新四个方面，非正式制度创新则具体表现为企业文化的创新。其中，产权创新是企业核心竞争力实现的基本前提。也就是说，如果企业的产权明晰，权责分明，结构合理，那么，必然形成一套权力有效制衡、激励到位的企业治理结构，从而企业发展将更具高的战略性和强的执行力，也才会更加关注企业核心竞争力的培育。市场创新是企业核心竞争力实现的重要途径。在知识经济时代，市场创新需要特别重视如何向市场和顾客提供全新、卓越的价值，并通过对顾客价值链中核心价值要素的有效利用、重组和创新，取得新的市场竞争优势。而组织创新是企业核心竞争力实现的有力保障。由于外部环境的激烈变化，现代企业要围绕核心竞争力来构造企业战略。相应的，企业组织结构的调整也要以培育和提升核心竞争力为原则。管理创新则是企业核心竞争力实现的必要手段。因为随着时间的推移和环境的演化，如果不对企业经过长期努力培育起来的核心竞争力进行专门管理，那么它将会逐步转变为一般能力，导致企业核心竞争力的逐步散失。就文化创新而言，其是企业核心竞争力能够不断增长的关键因素。企业核心竞争力是企业文化力、学习力和创新力的有机结合体。文化力是源泉，是学习力、创新力的精神动力。面对竞争日益激烈的市场环境，企业文化创新也正从一种全新的文化理念转变为对提高企业竞争优势有决定性作用的经营管理模式。[①] 因此，技术创新及其制度安排已成为企业核心竞争力和可持续成长的重要内容。

客观地说，改革开放以来，在经济体制和科技体制改革的推动下，中国企业技术创新取得了长足进步和明显成效。相对而言，在此期间中国政府、企业界及学界对企业技术创新中技术制约问题的关注是比较多的，而且制度安排也主要侧重于有利于技术引进方面，在解决这类问题时也已积累了相当多的经验。但是，当被引进的新技术，其纯技术替代作用和短期效应发挥之后，往往会出现企业技术创新动力不足和能力低下等方面的现象和问题。由于企业作为技术创新的重要主体，其创新能力能否持续及创

---

① Kong Li, "On the Relationship of Corporate M&A, Innovation and Core Competence", *Proceedings ICEE* 2011, Shanghai, May 2011, Vol. 8, IEEE Press, p. 7081.

新效应如何，通常是一个国家或一个地区创新活力及绩效总体状况，以及技术创新宏、微观制度安排方面是否存在问题的根本反映。所以，本书认为，探讨和剖析企业技术创新中的制度安排问题，是一个非常值得研究的重要课题，也是中国当前和未来很长一段时期需要关注和解决的关键问题。同时，研究的切入点和解决问题的根本点，不能仅仅停留在对国家创新体系方面的宏观研究，或者对地区技术进步方面、产业创新能力等方面的中观研究，而应该在把握宏观、中观和微观之间逻辑关系的基础上，从企业技术创新成本的角度，深入分析其与企业技术创新制度安排之间的关系。

总体而言，在企业技术创新制度安排的过程中，以下这些问题亟待从理论上做出分析和研究。比如：企业技术创新的本质和特征是什么？企业技术创新的成本包括哪些方面？制度在这些成本消化和分担中的作用和配置机制是怎样的？改革开放以来，中国企业技术创新的总体情况和制度安排的情况如何？存在哪些问题及如何完善？等等。但是，目前对于技术创新制度安排方面的研究，要么主要从构建国家创新体系方面入手；要么从强调区域创新能力提升方面入手；即便是企业技术创新问题的研究，更多的也是从创新战略、管理或模式选择等方面入手。而运用制度经济学的分析方法，对企业技术创新成本及相关的制度安排问题进行系统研究的文献不够丰富，尤其是对技术创新成本方面的研究就更少，从而导致对这类问题的理论研究滞后于实践的需要，使我们忽略了企业持续技术创新中的这些核心问题。基于此，本书将就企业技术创新成本与制度安排的关系，展开系统的研究。

第二节 研究意义与目的

一 研究意义

本书认为，看待企业技术创新问题，不仅要研究技术层面问题，更要关注其非技术层面的"瓶颈"，否则只能就技术论技术，难以把握问题的本质。所以，本研究主要是从制度层面对企业的技术创新问题加以剖析，运用新制度经济学、演化经济学、企业发展理论、系统论、哲学、社会学和统计学等相关理论和方法，探讨企业技术创新的本质、成本及其与制度供给、配置间的关系和机制，以及影响企业技术创新行为、效率和能力的制度因素等方面的问题，力求在这些方面形成一个科学、客观的认识和判断，进而找出导致企业技术创新滞后和迟缓的原因，为企业技术创新制度安排的实践提供一定的参考。因而研究具有强烈的现实意义和重要的理论价值。

第一，本研究立足于紧密结合及促进中国企业技术创新活动的现实需要。毋庸置疑，企业的健康持续成长在推动一个国家、地区社会经济发展中发挥着巨大的作用。一是企业是社会财富创造的主体之一。不仅现在提供着，将来仍将提供着经济建设、人民生活所需的大部分商品和服务，也是中国经济方式转变、产业振兴、结构调整和发展的基础。二是企业为社会创造了大量的就业岗位，是实现社会和谐稳定的基石。中国企业很多属于传统产业，是吸纳劳动力较多的领域。就中国而言，劳动力资源丰富，社会需求旺盛，企业为解决劳动就业和提供生活必需品等方面发挥着极其重要的作用。三是企业还承载着民族文化弘扬和价值观提升的重任。例如：我国的手工业、丝绸业、陶瓷业、制茶业等企业与当地的民族文化是紧密相关的，在一定意义上，企业的创新和发展，有利于民族文化的传承和发扬。

改革开放以来，在各级政府的政策推动和各类组织的共同努力下，企业技术创新，特别是在技术引进、转化等方面取得了一定的成效。然而，企业整体的技术创新效率和能力却相对滞后。根据学者们的研究成果和对相关企业的调查可以看到：目前企业技术创新滞后的障碍与技术本身有一定的关系，但更为关键的在于缺乏一套有利于促进其技术创新的制度和机制。而前述有关企业技术创新方面的一系列现实问题也正是本研究开展的现实依据。

第二，新制度经济学对经济增长和企业发展中制度重要性的论证，以及制度变迁和演化理论、交易成本等分析工具，为研究企业技术创新的制度安排问题提供了新的视角。在主流经济学中，新制度经济学所揭示和强调的制度是被视为既定的和外生的，制度的作用并没有得到足够的重视。而在制度经济学家的眼里，在人类社会发展的各方面，制度起到了至关重要的作用。新制度经济学关于制度变迁和演化理论方面的观点，既承袭了主流经济学理论研究的传统，又超越了主流经济学关于完全理性、充分信息和交易成本为零的限制。正是这样的超越和新的阐释，使制度经济学更贴近现实，由此引发对许多企业发展问题的重新思考和探究。

在中国向发达经济进一步转型的过程中，尽管企业的技术创新一直备受各方面的关注，但企业技术创新中客观存在的诸多制度障碍，往往会让许多企业在"既苦于不技术创新，也苦于持续的技术创新"中进行着艰难的抉择。本书认为：其中最根本的原因在于对技术本质认知上的欠缺。在以往企业技术创新的研究中，一般多强调的是新技术对旧技术的替代特征及其相应技术效应的实现。实际上，这种对技术本质不全面的认知，往往会忽略对技术替代中成本的全面分析，容易造成制度安排和配置出现偏差，使制度的设计和供给缺乏针对性，导致企业技术创新的动力不足或能力低下。为此，本研究将完善上述认知图式，运用新制度经济学及相关学科理论和方法，从探寻企业技术创新的本质特征入手，分析企业技术创新成本、创新行为及创新制度安排间的关系，不仅关注企业技术创新活动的自然属性，而且更加重视其社会属性，对中国企业技术创新存在的制度性问题进行系统的理论探索，以期对中国企业的技术创新及其制度安排提供有益的理论支持。所以，这种运用制度经济学等相关理论和方法来剖析企业技术创新中的一些重大问题无疑具有重要的理论价值。

第三，虽然企业技术创新中的制度安排问题是一个世界性和普遍性的问题，但也是一个还需要针对不同国家、地区和企业进一步挖掘和研究的问题。所以，通过比较研究将有利于丰富和完善现有的企业技术创新理论体系，具有较强的理论价值。从世界各国企业发展历程看，企业要获得持续的发展和不断的技术创新动能，关键还要靠适宜创新的制度和机制。所以，企业技术创新过程中的制度安排问题非常值得深入研究。

由于各经济体所处的经济发展阶段不同，有的经济体的工业化进程已经完成，他们在企业技术创新制度安排方面较为成熟，并积累了许多经验；而许多类似中国的经济体则还处在工业化进程中，企业在技术创新时往往有许多难题亟须解决。所以，本研究将通过比较制度分析，主要考察相关国家通过怎样的制度安排帮助企业降低技术创新的成本，推动企业持续的创新行为，归纳发达经济体在企业技术创新制度安排方面的经验和启示，并尝试找出其激发企业技术创新的各种制度因素以及它们之间的相互作用机制。同时，总结中国此方面存在的不足，重点分析中国企业技术创新制度安排中存在的问题及其影响因素，进而为完善技术创新方面的制度安排提供相应的政策依据。因此，本研究将具有强烈的现实指导意义。

二 研究目的

迄今为止，国内外学者对于企业技术创新制度方面的研究主要集中在从宏观层面的产权、财税、金融（特别是风险投资）、政治和思想等制度对企业技术创新影响、作用的理论研究、实证分析和相应的对策建议上，而就微观层面的相关制度体系对企业技术创新影响的研究显得不足，自然也就对企业技术创新中宏观制度环境与微观制度体系配置问题的关注不够，未形成系统的理论分析框架，这对指导企业技术创新是有极大欠缺的。郭继强的研究指出：虽然我国各地有着相同的根本性社会制度环境，然而，各地的思想观念、文化氛围、价值取向有很大的不同，导致制度型或市场型资源配置能力有很大差异。[①] 所以，通过本研究，希望能丰富企业技术创新宏、微观制度及其配置方式的理论研究成果，为解决中国企业技术创新现实需求方面的问题提供建议和思路。

为此，本研究主要从以下方面入手：企业技术创新的本质及特征；企业技术创新成本构成及其与制度安排的关系；企业技术创新制度安排的结构及其相互关系；影响企业技术创新的制度因素及其相关关系；各国（地区）企业技术创新制度安排的对比研究；企业技术创新外部制度安排与内部制度安排的相互作用机理研究；完善中国企业技术创新制度安排及相应对策建议的研究；等等。

---

① 参见郭继强《人力资本投资的结构分析》，《经济学》（季刊）2005年第4卷第3期。

第三节 研究内容及方法

一 研究的主要内容

论文各部分的主要内容如下:

第一部分,导论,从三个方面阐述了为什么要对企业技术创新制度安排进行理论研究与现实分析;进而对研究中涉及的方法、主要观点、研究路径等进行了阐释。

第二部分,对国内外学者在企业技术创新制度安排方面的研究成果进行了综述。通过分析,把握研究的动态和趋势,对前人的观点有一个比较清晰的了解和科学的认识,有利于对此方面研究的继承和发展,使研究目标和方向更加明确。

第三部分,对企业技术创新的本质和特征进行了阐述。首先,从理论上回顾和总结企业技术创新理论的演进,包括熊彼特及其追随者的技术创新理论、新古典经济学家的研究,以及马克思主义者的研究等。其次,对以往经济学家、哲学家及社会学家在技术创新本质问题上的理论观点进行总结和分析。在此基础上,提出对技术创新本质特征的看法,即技术创新本质上是一种交易,其行为就是交易行为。也就是说,技术创新的本质不仅表现为新技术对老技术的替代及生产要素组合方式的替代,及由此所带来的企业生产效率迅速提高和替代效应的短期显现;而且这种绝对替代往往会转化为一种较为长期的交易过程,即需要通过企业内外制度供给对影响企业技术创新的各类资源和要素进行持续的配置。所以,企业技术创新除了具有不确定性、高投入性、外部性和累积性的特点外,还具有替代性和配置性的特征。而这些本质特征都充分说明了企业技术创新制度安排问题值得关注。此部分的观点形成了本书的一个创新点,也是后续研究和分析的前提。

第四部分,运用新制度经济学的理论和方法,对企业技术创新成本及制度安排的关系进行了理论分析,形成研究的理论分析框架,而相应的分析逻辑和相关观点也是本书的创新点之一。本部分主要探讨了以下几方面的问题：

一是对技术创新成本的构成进行了分析。本书指出，技术创新的成本包括两大类：技术替代成本和制度配置成本。即不仅包括直接交易（如：新技术的购买、引入、合作等）形成的市场成本（也可称为技术替代成本），而且包括各种要素重新配置（如：生产、经营、管理系统的重新配置和员工心理状态与努力程度的调整等）形成的配置成本（即制度成本）。也就是说，企业在使用新技术的过程中，既要考虑市场意义上的成本，还要考虑随之产生的潜在、长期的制度成本。所以，通过成本构成分析，有助于我们对企业技术创新成本有一个较为全面的认识。

二是对技术创新成本与企业制度安排的关系进行分析。主要采用交易成本理论对创新制度安排的决策进行逐层分析，研究认为，当企业面临是否进行技术创新的时候，一般都要对成本—收益进行比较。众所周知，在收益既定的情况下，创新成本越小，创新利润则越高，企业创新动力越强，企业技术创新能力提升得也就越快。关键问题在于如何通过适宜的创新制度设计及安排来降低创新成本。理想的状态是，处在纯粹的自由竞争环境和交易成本为零的条件下，企业内外部制度非常健全，技术创新将会出现加速和良性循环的效应，从而技术创新将可以持续并取得相应的效果。但这样的情况在现实中是不存在的。而可能的情形是：在外部市场创新制度供给不够完善的情况下，如果企业内部没有条件消化技术创新所带来的制度成本，那么，企业将缺乏创新的动力，往往就会采取放慢甚至停止技术创新步伐的行为方式来应对；而如果企业内部有条件消化创新所带来的制度成本，则会通过采取一些对现有企业资源及要素进行重新组合的方式来完成创新。另外，由于企业在进行创新制度安排选择时还会遇到信息不对称的情况和选择的演化等问题，因此，制度安排的决策行为还需根据具体情况来分析和判断。

三是从企业技术创新体系的角度，对技术创新的外部制度安排和内部制度安排与企业技术创新的关系进行了概括分析。指出只有当技术创新内外制度，包括宏、微观制度、正式制度与非正式制度、正式制度中各种制度间等，都处于良好配置的状态下，才能使企业技术创新有充足的动力，也才有利于企业技术创新能力的持续提升。

第五部分，着重对企业技术创新中的制度安排进行国际比较。选择具有典型性和代表性的美国、日本等国家有关企业技术创新的制度安排情况进行比较研究，重点考察相关国家通过怎样的制度安排帮助企业降低技术创新的成本，推动企业持续的创新行为，验证企业技术创新成本与技术创新制度安排的关系，挖掘各国企业技术创新制度供给的异同，分析和总结其中对中国有益的经验和启示。本书认为，这些国家企业技术创新动力之所以强，关键是相关制度的供给及其配置较为完善，而处在这样一个环境中，企业自然采取的是一种积极的技术创新态度，选择保持持续创新的路径。

第六部分，主要对改革开放以来中国企业技术创新的演变历程进行阐述，利用相关统计数据，对企业技术创新中相关制度安排的现状、方式和问题进行分析，为理论研究中的观点提供相应的现实支撑。在此基础上，进一步剖析中国企业技术创新迟缓的原因，为完善中国企业技术创新的制度安排提供政策依据和参考。具体而言，就是在完善中国企业技术创新制度安排的过程中，必须以促进企业技术创新动力和能力为目标，以构建配置合理的制度供给系统为根本，以外部制度配置为主，建立内外结合的基本导向，重点搞好市场制度、产权制度和产业转移制度的建设，优化劳动力市场、资本市场、产权交易市场等要素市场及相应的机制（如：分配机制、激励机制、产学研合作机制、信息流通机制等）。

第七部分，对研究观点进行总结和归纳，并指出研究可能的创新点和存在的不足，提出未来研究的方向和目标。

二 研究方法

第一，系统分析的方法。在新制度经济学成为制度研究主流的情况下，突出的表现是对制度问题分解细化研究多，而对制度问题的整体化研究显得缺乏和不足。所以，系统分析方法将贯穿全书。制度作为一种规范个人和组织行为的手段，是以一种整体或者一个系统的形式来发挥作用的。每一种制度的安排只能从一个角度或一个方向来规范个人或组织的行为以减少不确定性，而决定企业技术创新状况和效果的是整个制度系统的功能是否健全。因此,分解细化的研究往往导致"只见树木,不见森林"的问题,也就是只关注单个制度的作用,而未能将其置入整个制度系统中加以分析。而这种不利于全面把握问题的研究方式,最终使得理论上或是政策上都可能出现偏差。因此,本研究从系统的角度分析企业技术创新的本质特征、制度安排决策及其机理等理论问题,以及讨论企业技术创新成本与制度安排的关系,以及制度安排与企业技术创新的关系、中国企业技术创新制度安排的完善等问题,这对理论探讨和实践都具有重要的意义。

第二,理论分析的方法。本研究拟采用制度分析的相关理论和方法,就企业技术创新的概念、本质和特征,企业技术创新的成本构成,企业技术创新的制度安排及其配置成本——制度安排与制度体系——完善制度安排之间的逻辑关系,阻碍企业技术创新的制度原因,怎样的制度安排能使制度具有最大的激励作用等问题进行理论探讨,试图通过理论分析诠释企业技术创新中制度安排方面存在的问题,以及制约企业技术创新顺利实现的根本原因。

第三,历史分析的方法。制度分析的特征之一就是注重历史。从制度演化的角度看,制度的形成和发展是过程性的,客观上要求研究遵循动态性原则。尽管就某一具体制度及其内容来说,制度供给在一定时期内是相对静态的,呈现出短期均衡的状态。但长期而言,其又是动态变化的,处于不均衡的状态。因此,本研究将采用历史分析的方法,除对已有的研究文献进行回顾和评析外,还对改革开放以来中国企业技术创新中制度安排的总体状况进行回顾和分析,找出当前制度安排中存在的问题,以便及时、系统地调整相关制度,完善相应的机制。

第四,比较分析的方法。本研究在对企业技术创新的制度安排进行国际比较时,主要选择具有典型性和代表性的国家,对它们有关企业技术创新的制度安排情况进行比较研究,分析这些国家在企业技术创新的制度安排方面的异同及其效果,以期从中寻找到对中国企业技术创新有益的经验和启示。

第四节 研究思路与技术路线

一 研究思路

本书的研究主要解决以下问题。

第一,在梳理相关文献的基础上,运用制度经济学、哲学、社会学等的相关理论和方法,对企业技术创新这种交易行为的本质进行剖析,揭示其替代和配置的特性,并对企业技术创新的成本构成做出相应的阐释。

第二,构建企业技术创新中制度安排研究的理论分析框架,通过分析技术创新成本及其构成,探讨技术创新成本与制度安排之间的关系,以及制度安排效率和效果与技术创新动力和能力之间的关系,并提出相应的理论分析模型。

第三,从统计数据和企业案例研究出发,对改革开放 30 多年来中国企业技术创新制度安排的状况进行回顾,概括和分析相关制度安排对企业技术创新动力及其能力的影响。

第四,对企业技术创新制度供给进行国际比较,选择具有典型性和代表性的国家或地区有关企业技术创新的制度安排情况进行系统比较研究,挖掘其中的异同,分析其制度配置的效果,总结出对中国企业技术创新有益的经验和启示。

第五,明确中国企业技术创新制度安排完善的目标、政策导向、主要内容,为构建更具激励作用的制度安排环境、体系和机制提供相关的政策建议。

二 技术路线

本研究的技术路线如图 1-1 所示。

```
          ┌─────────────────────────────────────────┐
          │ 提出问题：企业技术创新成本与制度安排的关系 │
          └─────────────────────────────────────────┘
                              ↓
          ┌─────────────────────────────────────────┐
          │ 研究问题：文献综述、理论分析、比较和实例研究 │
          └─────────────────────────────────────────┘
                  ↓             ↓             ↓
        ┌──────────────┐ ┌──────────────┐ ┌──────────────┐
        │ 理论分析框架的构建 │ │ 中国现实的剖析及总结 │ │ 国际经验的比较及借鉴 │
        └──────────────┘ └──────────────┘ └──────────────┘
                  ↓             ↓             ↓
          ┌─────────────────────────────────────────┐
          │ 解决问题：完善中国企业技术创新中制度安排的对策 │
          └─────────────────────────────────────────┘
```

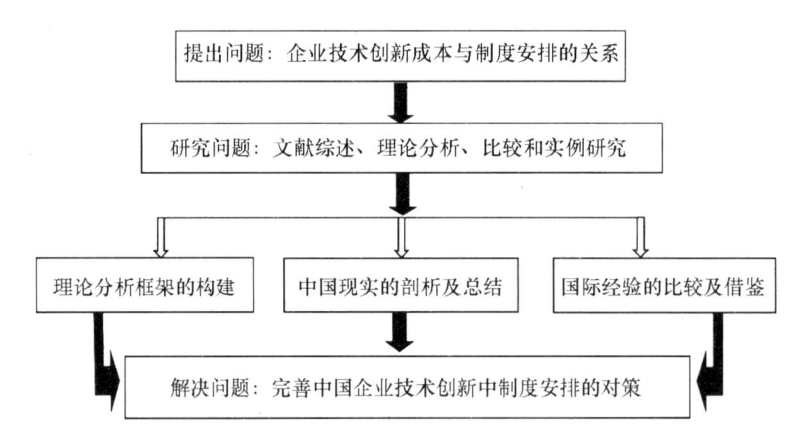

图 1-1　研究的技术路线图

第二章 研究综述

近年来，国内外学者对企业技术创新及相关问题开展了许多研究工作，也取得了较为丰富的成果。那么，他们的研究成果主要涉及哪些方面的问题？主要观点和结论是什么？反映出当前怎样的研究进展和状况？哪些方面的问题有待进一步研究？要回答这些问题，就有必要对前人的研究有一个比较清晰的了解和科学的认识。这不仅有利于此方面研究的继承和发展，还有利于更加明确本研究的目标和方向。因此，本部分首先围绕技术创新与制度创新关系相关观点的发展，对创新理论的演进过程进行简要的概括；其次是对国内外学者关于企业技术创新中制度安排研究的各种观点进行述评并提出本书的看法。

第一节 创新理论的演变

回顾人类社会经济的发展不难看出，其就是一部不折不扣的创新史。在这条记载着人类变革创新的历史长河中，不同领域的学者对创新活动长期的探索、研究和总结，逐步形成了对创新活动的初步认识并提出了一些创新方面的思想，而随着创新活动的日益广泛及其所带来的影响，学者们对已有的朴素、零散的创新思想进行提炼和概括，找出其中的规律并不断地加以检验，综合出具有普遍性的创新活动原理和相关理论。在各种创新理论中，不同学派的学者就哪种创新——技术创新还是制度创新——是历史发展的基本动力，不断地进行着深入的研究和激烈的争论，并形成了各自不同的观点。概括起来主要包括技术创新主导观、制度创新主导观和技术创新与制度创新互动融合观等几种代表性的观点。

就创新思想及其理论体系的形成和演变来看,主要经历了以下四个发展阶段。

第一阶段为早期创新思想提出阶段,以创新思想分散于各国、各地区和各领域为特点,产生于20世纪50年代以前。古代创新思想主要集中于四大文明古国,比如:中国古代的创新思想一直在潜移默化地影响着中华文明的进程。《诗经·大雅·文王》中有这样的叙述:"文王在上,于昭于天。周虽旧邦,其命维新。"其中"维新"便有着深厚的创新内涵;《大学》中也有"苟日新,日日新,又日新"的记载,同样反映出中华先辈十分重视不断创新的过程;《周易》中的"天行健,君子以自强不息"和"地势坤,君子以厚德载物"这两句话,在塑造人的创新精神方面所起的作用,也是不言而喻的;而墨子提出的"述且作"的创新思想,也就是要人们在生产和生活的具体实践中,敢于破除墨守成规的思想观念,树立开拓创新、与时俱进的意识;等等。尤其是当生产力需要进一步发展时,创新思想便成为重要的源泉。比如:管仲改革赋役所采取"均地分立"的方法,极大地调动了人们的生产积极性。此外,从商鞅"废井田,开阡陌"、曹操推行"屯田制"、华佗发明"麻沸散"、鲁班发明锯子、李冰修建都江堰、蔡伦改进造纸术、毕昇发明活字印刷中,都可以发现中华民族的创新思想源远流长。由于东西方古代创新思想有着大致相类似的特点,本书在此就不再赘述。近代中西方创新思想主要以欧美各国为代表。亚当·斯密曾在《国民财富的性质和原因的研究》"论分工"中指出,分工是技术创新的基本来源。即技术创新来自生产过程的工艺改良,乃至新的发明。[①]

总体而言,这是一个处于积累创新实践经验,从中总结概括各种创新思想的阶段,尽管没有形成系统的创新理论,但为后来系统化理论的建立和发展奠定了坚实的基础。

第二阶段为创新理论初步形成阶段,以各种技术创新观点和理论的提出为特征,产生于20世纪50年代以来。创新理论体系构建的鼻祖熊

---

① 参见〔英〕亚当·斯密《国民财富的性质和原因的研究》上卷,郭大力等译,商务印书馆1972年第3版,第5—12页。

彼特在《经济发展理论》中提出了创新的概念，概括了创新所涉及的五个方面的内容和情况[①]，其创新理论主要集中在技术创新方面。此后，西方学者们在此基础上开展的研究更加细化，一是新古典经济学家将技术进步纳入新古典经济学的理论框架，形成了具有划时代意义的经济增长理论和新经济增长理论。二是以欧美经济学家施穆克勒、克莱因、阿罗、谢勒尔、曼斯菲尔德、马卡姆、罗森伯格等为代表，主要研究技术创新的过程、技术扩散、技术创新的市场结构等理论问题，开创了技术创新实证研究的先河。凡勃伦、奥格本、怀特、埃吕尔、海德格尔等认为，技术变迁是技术内在的逻辑演进过程，是决定制度变迁和社会发展的关键。

此阶段，虽然学者们对技术创新问题进行了多角度的探讨，但总的来看，他们的研究更为关注的是技术创新的技术和经济方面的因素，而将其他的因素作为外生变量，并未纳入研究体系中。

第三阶段为创新理论完善阶段，以各种制度创新观点和理论的提出为特征，产生于20世纪70年代以来。尽管熊彼特在最初提出的创新五种情况中已包含"实现任何一种工业的新组织"这一制度创新的内容，但其本人及后来的新熊彼特主义学者们都没有对此领域展开深入和系统的研究。而对制度创新问题进行开拓性研究的是科斯和诺思等学者。科斯分别于1937年和1960年发表的《企业的性质》及《社会成本问题》两篇文章，可谓是制度创新研究和理论建构的奠基之作。诺思等经济学家正是以科斯的交易成本为出发点，对制度创新问题进行了系统的研究，形成了制度创新理论，即通常所说的制度变迁理论，成为新制度经济学的一个重要分支。诺思等认为，技术创新与经济增长是可以等同的，而制度创新是影响其变化的决定性因素。高效的制度安排将是经济增长和技术创新的核心。他特别强调，即便没有技术创新，制度创新也能促进经济增长。而产权、组织和市场等为技术创新提供了激励，并最终带来了技术进步、经济

---

① 参见［美］约瑟夫·阿洛伊斯·熊彼特《经济发展理论》，叶华译，中国社会科学出版社2009年版，第85页。

增长和社会变迁①。钱德勒的研究②为制度决定的观点增加了浓重的一笔。而国内学者张宇燕、吴敬琏等也支持这一观点。

在这个阶段中,尽管新制度经济学家与新古典经济学家所关注的创新问题有极大的不同,但他们的观点和理论为丰富创新研究的内容与视角,无疑是有极大促进作用的。而在研究创新问题时,许多学者既重视其技术影响因素,又关注其制度影响因素的做法,使创新研究呈现一种综合的态势。

第四阶段为创新理论综合性研究阶段,主要基于对技术创新和制度创新相互影响、互动融合为特征的研究,产生于20世纪90年代以来。此阶段的代表人物是弗里曼、纳尔逊、伦德瓦尔、佩特尔和帕维蒂等,他们的研究成就在于形成了国家创新系统理论,开创了近20年多来创新研究新的方向。他们的论著,不仅提出了国家创新系统的概念,而且对国家创新系统的构成及其相互关系等进行了比较全面的分析。经合组织专家立足于上述研究,更加强调国家创新系统的网络组织属性和学习特征,于1997年形成了《国家创新系统》的研究报告。而美国学者迈克尔·波特关于国家竞争力的理论,从国家竞争优势,即国家产业竞争力的角度诠释了国家创新系统。我国学者冯之浚、刘洪涛等对国家创新系统问题及在中国的实践等也进行了研究。③

总之,此阶段的研究也从不同的侧面充分证明了在社会发展和演进过程中,技术创新与制度创新是不可能割裂开来的。实际上,诺思也曾指出,知识和技术确立了制度创新的上限,而进一步的,制度创新也需要知识、技术的增长;反之,似乎可以说,制度则确立了知识和技术创新的上限。在既定的制度框架内,创新总有一天要被遏制,制度变迁在此时成为

---

① 参见[美]道格拉斯·C. 诺思《经济史中的结构与变迁》,陈郁等译,上海三联书店1994年版,第66—75页。

② 参见[美]小阿尔弗雷德·D. 钱德勒《看得见的手:美国企业的管理革命》,重武译,商务印书馆1987年版,第435—441页。

③ 国内研究中国国家创新系统的学者很多,相关著作如下:冯之浚:《完善和发展中国国家创新系统》,《中国软科学》1999年第1期;刘洪涛、汪应洛:《中国创新模式及其演进的实证研究》,《科研管理》1999年第2期;刘洪涛、汪应洛:《转型期中国国家创新系统资源配置研究》,《数量经济技术经济研究》1999年第4期。

技术创新的前提。拉坦则认为，争论技术创新与制度创新谁决定谁没有任何意义，而要从一个持续的、相互作用的过程中来分析。他还指出，引起技术创新和制度创新的原因是相似的。

综观技术创新与制度创新的研究文献①，可以发现，由于创新所需的资源及其价格的变动，使技术创新和制度创新的相对成本与收益发生变化，从而出现所谓的"技术决定"或"制度决定"的争论。可以这样说，在不同的经济发展阶段和条件下，技术创新与制度创新的主要差别集中在"谁为前提"而非"谁决定谁"上。相对而言，在社会和经济转型时期，制度创新相对于技术创新来说就是非常关键的因素；而社会和经济处于较为平稳的时期，技术创新便成为决定性的因素；而更多时候二者却是相辅相成、难分彼此的。

结合本研究，本书认为，企业的技术创新对国家创新系统的建设极为重要，而各种组织、制度及其良好的互动关系对企业技术创新的绩效也非常关键。但本研究的重点将放在构建一个更具激励性和推动性的与企业技术创新相关的制度安排系统及机制上。因为这对处于转型时期的中国来说是十分迫切的，也是本研究的一个重要的现实依据。

第二节 国内外相关研究的进展

一 企业技术创新宏观制度供给方面的研究

总体来看，学者们主要从产权制度、金融制度（风险投资制度）、财税制度等方面进行了相应探讨和观点的阐述。

（一）有关企业技术创新产权制度方面的研究

一般而言，人和组织的行为都具有自利性。所以，就创新活动及行为来说，有效的产权制度安排能明确企业技术创新各主体与创新成果及收益之间的关系，从而促进创新各主体积极、主动地开展相应的活动和付诸应有的行为。奥斯特罗姆指出："激励是规则的结果，这些规则用于奖励和

---

① 由于有关技术创新与制度创新关系的研究文献非常多，文中仅进行了四个阶段的概括和分析，不再赘述相关的观点。

约束各种活动的收益和成本。"① 布罗姆利也认为:"任何一个经济体制的基本任务就是对个人行为形成一个激励集,由此鼓励发明、创新和勤奋以及对别人的信赖并与别人进行合作。"② 而"当所有权没有给予明确限制或没有付诸实施的时候就会产生这种不一致。如果私人成本超过了私人收益,个人通常不会愿意去从事活动,虽然对社会来说可能有利"③。具体来说,企业技术创新产权制度研究又主要从私有产权制度、知识产权制度和人力资本产权制度等方面展开。

1. 私有产权制度与企业技术创新的关系

此方面的研究形成的多是理论研究成果。阿尔钦指出,经济学本质上是对稀缺资源产权的研究,即一个社会中资源的配置就是对使用资源权利的安排。而经济学中有关价格如何决定的问题,实际就是产权应如何界定与交换以及应采取怎样形式的问题。④ 康芒斯把产权看作资源稀缺的制度性反映,他认为:"所有权的基础是稀少性。若是一种东西预期会非常丰裕,人人可以取得,不必请求任何人或者政府的同意,它就不会成为任何人的财产。若是供给有限,它就会成为私有的或公有的财产。"⑤ 相对而言,公有产权面对经济人时会存在很大缺陷。诺思指出:"对所有者有利的排他性产权能够提供对提高效率和生产率的直接刺激,或者用一更基本的术语来说,能够直接刺激获取更多的知识和新技术。可以用这种激励机制的变迁来解释过去 10000 年人类所取得的迅速进步和漫长的原始狩猎采集时代发展缓慢的原因。"⑥ 所以,建立私有产权是解决公有产权问题的根本途径。尽管私有产权在原始社会末就产生了,

---

① [美] 埃莉诺·奥斯特罗姆等:《制度激励与可持续发展》,陈幽泓等译,上海三联书店 2000 年版,第 128 页。
② [美] 丹尼尔·W. 布罗姆利:《经济利益与经济制度》,陈郁等译,上海三联书店 1996 年版,中译本序。
③ [美] 道格拉斯·诺思等:《西方世界的兴起》,厉以平等译,华夏出版社 1989 年版,第 3 页。
④ 参见 [美] A. A. 阿尔钦《产权:一个经典注释》,载 R. 科斯等《财产权利与制度变迁》,刘守英等译,上海三联书店 1994 年版,第 166—178 页。
⑤ [美] 康芒斯:《制度经济学》上册,于树生译,商务印书馆 1962 年版,第 298 页。
⑥ [美] 道格拉斯·C. 诺思:《经济史中的结构与变迁》,陈郁等译,上海三联书店 1994 年版,第 98 页。

但对企业技术创新产生巨大推动作用的是资本主义生产方式的出现,以及随之建立的以私有产权制度为核心的业主制、合伙制和公司制(股份制)等。

2. 知识产权制度对技术创新的影响

(1) 知识产权制度对技术创新影响方面的研究。Mansfield 进行了实证检验,主要对促进创新的专利进行了分析,认为专利作用大小会随着行业的不同而有所不同[①]。Dosi 则分析了知识产权保护制度对创新主体的激励作用[②]。Porter 等从产业集群的角度探讨了有利的知识产权政策对企业创新和地区竞争力的促进作用[③]。Moulaert 等在创新的制度动力系统理论中探讨了知识产权制度等已有制度对创新多元主体的动力作用,认为制度框架是路径依赖。[④] 陈美章分析认为,知识产权制度根植于市场经济,以知识成果的产权明确界定和有效保护为主要特征,为技术创新提供了一种内在的动力机制和一个外部的公平竞争法律环境,对技术创新具有重要作用。[⑤] 盛辉、周寄中等分别进行了研究认为,知识产权作用于技术创新整个过程……它不但促进了发明的商业化和产业化,还阻止了技术过快的扩散,有效保护了创新者的利益。[⑥] 王九云则主要从企业内部创新各级主体所受激励的角度出发,探讨知识产权对企业技术创新的驱动。[⑦]

上述研究从不同角度充分地论证了知识产权制度对创新主体及环境的作用,但从企业层面上的关注不够。

[①] Edwin Mansfield, "Patents and Innovation: an Empirical Study" *Management Science*, Vol. 32, No. 2, 1986.

[②] Dosi G, "Sources, Procedures and Microeconomic Effects of Innovation" *Journal of Economic Literature*, Vol. 26, No. 3, Sept. 1988.

[③] Michael E. Porter, Scott Stern, "Innovation: Location Matters" *MIT Sloan Management Review*, Summer 2001.

[④] Frank Moulaert and Abdelillah Hamdouch, "New Views of Innovation Systems: Agents, Rationales, Networks and Spatial Scales in the Knowledge Infrastructure" *Innovation*, Vol. 19, No. 1, 2006.

[⑤] 参见陈美章《技术创新与知识产权》,《知识产权》1999 年第 6 期。

[⑥] 参见盛辉《论企业技术创新过程中的知识产权保护》,《科技管理研究》2007 第 1 期;周寄中等《知识产权与制度创新:联动与效应分析》,《研究与发展管理》2006 年第 18 卷第 5 期。

[⑦] 参见王九云《论保护知识产权对技术创新的驱动功能》,《管理世界》2001 年第 6 期。

(2) 知识产权制度与企业技术创新内外部动力要素的研究。王德应等将知识产权制度分为外部和内部知识产权制度，认为创新主体面临的内部创新环境和外部创新环境，是保证创新主体实现其对自己努力正预期的重要因素。同时，他还强调内外部因素的相互作用和创新成果的反馈作用。此外，他们还认为，技术发展阶段、市场（含投资、需要、市场结构、竞争水平、消费者与竞争对手状况等）、政府支持（引导、激励、领导及便利资金、税收政策）、大学与其他科研机构、要素市场发展程度（含创新服务系统）等是影响企业技术创新动力的外部要素[1]。Cooke 指出，在新经济条件下，创新中的风险资本等的引进也极其重要[2]。

由上述研究可知，学者们以不同的视角分析并分别提出了企业技术创新内外部动力因素，但对内外部之间及内外部各种因素之间的互动作用机制没有进行充分的研究。

(3) 知识产权滥用问题的研究。乔生从知识产权保护与滥用的区别对知识产权滥用进行了界定[3]。另外，乔生等研究提出了三种知识产权被滥用的表现形式[4]。而丁茂中认为知识产权滥用有广义和狭义之分，并分别进行了阐释，同时，还将知识产权具体分为知识产权申请制度滥用、知识产权权利滥用和知识产权诉讼滥用三类[5]。袁真富对知识产权滥用的影响进行了概括，认为包括妨碍技术创新、压制商业竞争、阻碍技术利用、限制国际贸易、耗费各方资源、损害消费者权益等方面[6]。徐瑄也认为，知识产权滥用往往会产生限制国家发展、阻碍一国科技发展、危及社会公

---

[1] 参见王德应等《基于知识产权制度的企业技术创新动力系统研究》，《科技进步与对策》2009 年第 26 卷第 20 期。

[2] Philip Cooke, "New Economy Innovation Systems: Biotechnology in Europe and the USA" *Industry and Innovation*, Vol. 8, No. 3, 2001.

[3] 参见乔生《中国限制外国企业对知识产权滥用的立法思考》，《法律科学》（西北政法学院学报）2004 年第 1 期。

[4] 参见乔生等《我国限制知识产权滥用的法律思考》，《现代法学》2005 年第 27 卷第 1 期。

[5] 参见丁茂中《中国规制知识产权滥用的法律研究》，2006 年 1 月，北大法律信息网（http://article.chinalawinfo.com/article_print.asp?articleid=34804）。

[6] 参见袁真富《知识产权的异化：囚徒困境》，载王立民等《知识产权法研究》第 3 卷，北京大学出版社 2006 年版，第 18—26 页。

共利益等影响①。

对于知识产权滥用的原因,孔祥俊认为,无论是将并不普遍适用的知识产权保护标准推向全球,还是在发展中国家实施权利限制条款方面设置障碍,其背后都体现着发达国家对本国利益的追求……进而导致了知识产权国家保护标准中激励创造与保护公共利益严重失衡②。刘亚军等也有类似的分析,指出知识产权国际保护标准之所以引起诸多社会问题,是由于……将知识产权保护标准在国际范围内"扯平"了……导致国家之间经济利益失衡和一国内部公共利益保护和知识产权保护失衡③。孟奇勋则认为:"权利自身的界限模糊,经济全球化的影响,以及发达国家和跨国企业的人为推动,使得知识产权无论从权利内容还是运行模式都呈现扩张和变化之势。"④ 在寻求解决知识产权滥用问题的方案方面,沈木珠等认为:必须制订导向性的措施引导企业的专利行为,加强知识产权管理机构的职能,在全社会建立自上而下的创新鼓励机制,完善与知识产权制度相关的市场环境⑤。而袁真富提出了从四个方面着手解决问题:一是政策方面,引导企业申请强制许可,引导企业树立健康的知识产权观,扶持中小企业突破大企业的专利封锁,重点扶植发明专利,减少问题专利;二是立法层面,完善知识产权滥用的限制,扩大知识产权使用的要求;三是执法层面,提高知识产权的授权质量;四是行业层面,加强行业自律⑥。

知识产权滥用会对企业技术创新造成阻碍,对此问题的研究,将成为当前和今后企业技术创新研究中的一个新热点。目前大多数学者对概念的

---

① 参见徐瑄《知识产权的正当性——论知识产权法中的对价与衡平》,《中国社会科学》2003年第4期。

② 参见孔祥俊《WTO知识产权协定及其国内适用》,法律出版社2002年版,第20—27页。

③ 参见刘亚军等《知识产权国际保护标准的解读与启示——以利益平衡为视角》,《吉林大学社会科学学报》2006年第46卷第4期。

④ 孟奇勋:《"异化"的权利与权利的"异化"——以知识产权的私权保护与公权规制之协调为视角》,《电子知识产权》2006年第8期。

⑤ 参见沈木珠等《论对知识产权滥用的限制》,《政治与法律》2005年第4期。

⑥ 参见袁真富《知识产权的异化:囚徒困境》,载王立民等《知识产权法研究》第3卷,北京大学出版社2006年版,第32—34页。

界定、原因分析和解决方案的提出，主要基于权利取得和行使过程，没能从制度层面的设计进行反思，对非正式制度所产生的影响也缺乏相应的探讨。

3. 人力资本产权制度与企业技术创新的关系

众所周知，在企业技术创新活动中，企业家及专业技术人员起着极其重要的作用。所以，明确其人力资本产权，对保持企业技术创新持续动力有着积极的影响。袁庆明认为："人力资本是通过资本投资而凝结在人体中的有经济价值的知识、技术、能力和健康等因素……人力资本产权是一组权利束，包括人力资本的所有权、支配权、处置权、使用权和收益权等。"[1] 通过黄乾对历史演进过程的分析可以看出，从原始社会到资本主义社会，人力资本产权主体并没有真正实现其人力资本产权[2]。杨瑞龙等指出，人力资本所有权主体获得的收益可能有两种：一种是固定契约酬金（如工资）……是人力资本使用权的实现。另一种是利润分享……是人力资本所有权的实现。是否能够参与利润分享主要取决于人力资本与非人力资本所有者之间的谈判，谈判能力的大小与他们的资产专用程度及在企业中的相对重要性有关。所以，既然劳动者与股东一样把自己的体力和智力作为资本投入企业，那么他除了获得相对于要素价格的固定收入外，还应有适当的风险补偿和自身的产权保护[3]。此外，袁庆明指出："为了提高人力资本的使用率，减少代理成本，激励企业家、科技人员等企业的核心人力资本更加努力工作，提高企业的经济绩效（包括技术创新绩效），最有效的途径是确立企业家和科技人员的人力资本产权。"[4]

20世纪80年代以来，发达国家高科技企业率先采用了年薪制、股票期权等一些让企业家和专业技术人员可以拥有企业剩余索取权的分配制度形式。在未来的研究中应结合其他制度的设计和安排，对这些形式进一步

---

[1] 袁庆明：《技术创新的制度结构分析》，经济管理出版社2003年版，第86页。
[2] 参见黄乾《人力资本产权的概念、结构与特征》，《经济学家》2000年第5期。
[3] 参见杨瑞龙等《一个关于企业所有权安排的规范性分析框架及其理论含义》，《经济研究》1997年第1期。
[4] 袁庆明：《技术创新的制度结构分析》，经济管理出版社2003年版，第89页。

创新，使其更有针对性，真正实现人力资本拥有切实的产权。

（二）有关企业技术创新财税制度方面的研究

1. 国外学者的研究和观点

国外学者主要从技术创新财税制度影响研发活动、企业家行为和教育活动等三个方面进行了理论研究和实证分析。

（1）财税制度对研发的影响。David 等研究认为，政府应当采取直接支付或税收优惠等措施支持企业的研发行为，但税收优惠只会刺激企业研发投资的短期行为，并不能使企业承担高社会回报、低私人收益的项目[1]。所以，直接的财政支持可能是更好的选择[2]。Mansfield 等利用加拿大企业的部分样本，实证得出研发税收激励对公司研发产生微小的影响，得出政府的投入产出效率低的结论[3]。而 Dagenais 等通过对加拿大研发税收优惠体系的研究发现，政府每放弃 1 加元的税收收入，私人研发支出将增加 0.98 加元。也就是说，税收优惠是刺激研发投入的有效方式[4]。Guellec 等对 17 个 OECD 国家的数据分析表明，研发税收激励促进了社会的研发活动[5]。总之，上述研究支持税收优惠促进研发支出的结论。

（2）财税制度对企业家行为的影响。熊彼特认为，企业家活动能产生新的观念，促进技术的改进，从而推动劳动生产率的提高，成为经济增长的重要源泉。税收政策正是通过影响企业家行为来鼓励创新活动的[6]。

（3）财税政策对教育活动的影响。Lucas 强调人力资本对于技术创新、经济增长的重要性，指出税收政策对于人力资本积累的效应相较对于

---

[1] P. A. David, B. H. Hall, A. A. Toole, "Is Public R&D a Complement or Substitute for Private R&D? A Review of the Econometric Evidence" *Research Policy*, Mar. 2003.

[2] Ibid. 。

[3] Mansfield, E. Lorne, "How Effective are Canada's Direct Tax Incentives for Research and Development?", *Canadian Public Policy*, June 1985.

[4] Dagenais M, Mohnen P, Thierrien P, "Do Canadian Firms Respond to Fiscal Incentives to Research and Development?" *Tilburg University Mimeo*, 1997.

[5] Guellee D, Van Puttelsberrghe, "The Impact of Public R&D Expenditure on Business R&D" *OECD Directorate for Science, Technology and Industry (STI)* (Working Paper): pp. 12–13.

[6] 参见［美］约瑟夫·阿洛伊斯·熊彼特《经济发展理论》，叶华译，中国社会科学出版社 2009 年版，第 95—120 页。

研发支出的影响更为复杂[①]。还有其他的研究认为,中国要大力进行人力资本投入……而财政政策对于教育的支持无疑会增加人力资本的产出并带来生产率的提高。可见,财税体系对教育活动水平的影响是多方位的,目前尚无较为明确的结论。

2. 国内学者的研究和观点

马拴友通过实证研究表明,我国科研资金使用效率低,技术成果转化率低。我国企业的技术进步,可能主要得益于以引进外资、先进技术和设备为代表的国外研发的溢出效应,而不是财政的科研支出[②]。张桂玲等对我国现行税收优惠政策进行了较全面的梳理,得出我国税收优惠政策偏重于投入环节,研发环节相对薄弱,不利于自主创新等结论[③]。吴秀波则较详细地介绍了国外对于研发税收激励效果的评价方法,并对我国研发支出税收激励进行了实证分析,得出中国当前税收措施对于研发支出刺激强度有限的结论[④]。而杨克泉等通过对1978年以来我国所实施的主要科技财税政策对企业技术创新促进效果的探讨,认为存在五个方面的问题:一是企业科技投入总量水平高,强度水平低;二是企业科技产出结构水平低,专利创新实力差;三是财政科技投入结构水平低,科技成果转化率低;四是现行增值税不利于企业科技创新;五是税收优惠政策对科技创新的导向作用不强[⑤]。

就国内学者的研究来看,总体集中在对技术创新税收优惠政策的理论和实证分析,主要研究结论基本一致,即我国当前的税收优惠政策对于企业技术创新(尤其是自主创新)激励作用有限。

---

① Lucas R. E,"On the mechanics of Economic Development" *Journal Monetary Economics*, No. 22, 1988.

② 参见马拴友《税收优惠与投资的实证分析——兼论促进我国投资的税收政策选择》,《税务研究》2001年第10期。

③ 参见张桂玲等《对我国现行科技税收激励政策的归纳分析》,《中国科技论坛》2005年第3期。

④ 参见吴秀波《税收激励对R&D投资的影响:实证分析与政策工具选拔》,《研究与发展管理》2003年第15卷第1期。

⑤ 参见杨克泉等《1978—2007年科技相关财税政策对企业技术创新促进效果研究》,《新会计》2009年第1期。

从以上有关企业技术创新财税制度研究所形成的观点看,中外学者都肯定财税制度对技术创新的积极作用,但一些实证分析并没有很好地支持理论研究的结论。

(三) 有关企业技术创新金融制度方面的研究

在企业技术创新金融制度研究中,围绕风险投资制度方面的研究较多一些。

1. 风险投资对企业技术创新作用的理论研究和实证分析

到目前为止,风险投资对企业技术创新作用的理论研究主要体现在对促进技术创新机制的解释方面,尚未形成系统的理论。Tykvova 分析认为,风险投资恰好适应技术创新的特点,也能满足企业管理经验的需要,因而成为中小企业技术创新的首选融资形式[1]。吕炜认为,风险投资作为一种新的合约方式和组织机制,通过共同组建企业,突破了原有企业组织内源性资源和原有系统在支持技术创新时的不适应等障碍[2]。Keushning 认为,一个活跃的风险投资行业拥有大量富有经验的投资家,这可以大大提高创业的成功率,进而提高均衡状态下的技术创新率。同时还证明了可以通过调整税收政策、加强对风险投资的激励来促进创新[3]。

从风险投资对技术创新作用的经验研究看,有的研究表明风险投资对技术创新的作用甚至比研发更有效;有的研究则发现作用并不显著。大多数学者认为,风险投资会带来专利数量的增加,对全要素生产率(TFP)增长有正影响。但总体来看,由于假设前提不同,研究结论也呈现出宏观到微观的差异。Hasan 和 Wang 的研究结果表明,风险投资对专利有显著的正作用,同时还证明了政府研发和劳动市场区域(LMA)地区小企业借贷与专利显著正相关[4]。Mollica 的研究也证实了风险投资对专利存在显著的正作用。人均风险投资每增加一个标准差,专利量增加

---

[1] Tykvova T, " Venture Capital in Germany and Its Impact on Innovation" *Social Science Research Network* (Working Paper), Presented at the 2000 EFMA conference, Athens.

[2] 参见吕炜《论风险投资机制的技术创新原理》,《经济研究》2002 年第 2 期。

[3] 参见黄凤羽《风险投资与相关税收制度研究·前言》,中国财政经济出版社 2005 年版。

[4] Hasan Iftekhar, Wang Haizi, " The Role of Venture Capital on Innovation" *New Business Formation, and Economic Growth*, Presented at 2006 FMA Annual Meeting.

4%—15%①。Samuel 和 Lerner 的研究表明，在某一产业中，风险投资增加会带来专利数量的增加，其效应是普通 R&D 的 3.1 倍②。而 Ueda 和 Hirukawa 的研究认为，美国 20 世纪 90 年代末期风险投资对专利数仍然保持正效应，而且效应更强；但并没有发现风险投资对 TFP 有正影响，说明风险投资只是增加专利数，并不一定促进工业创新③。

尽管上述研究已取得了一定的成果，但很多问题也还处于探索阶段，仍需要在理论上深化，探寻从宏观到微观的系统理论基础和机制。此外，研究范围和样本有待向欠发达国家、地区和后发企业拓展，以探求风险投资与技术创新关系的一般规律。

2. 关于企业技术创新金融支持的研究

毕克新等对发达国家和地区的中小企业技术创新金融支持体系进行了较系统的研究认为，政府信贷支持、风险投资帮助、"二板市场"融资、信用制度完备等，对中小企业技术创新发挥了重要的促进作用。同时，对照我国金融支持体系的不足，提出了完善风险投资机制和中小企业信用担保体系、建立中小银行和二板市场等措施，加强金融对我国中小企业技术创新的支持④。张小峰等以江苏省为例，探讨了中小企业发展的金融支持问题，认为中小企业的发展关键在于技术创新。在借鉴国外经验的同时，江苏省应采取中小企业区位差别化的金融优惠政策、鼓励中小企业上市和债券融资、创新中小企业间接融资路径、加大政府引导等对策支持中小企业技术创新⑤。王军的研究认为，我国技术创新融资体系构建的要点：一是政府应加大对基础科学知识和产业共性技术的直接投资力度；二是构建

---

① Mollica Marcos A, "Essays on Venture Capital Investment" *PhD dissertation*, the University of Chicago, 2006.

② Kortum Samuel, Josh Lerner, "Assessing the Contribution of Venture Capital to Innovation *RAND*" *Journal of Economics*, Vol. 31, 2000.

③ Ueda M, M. Hirukawa, "*Venture Capital and Industrial 'Innovation'*" Unpublished working paper, University of Wisconsin, USA, 2006.

④ 参见毕克新等《中小企业技术创新金融支持体系中外比较》，《商业研究》2005 第 21 期，总第 329 期。

⑤ 参见张小峰等《中小企业发展的金融支持研究》，《财经问题研究》2008 年第 6 期，总第 295 期。

企业创新的主体地位，奠定企业融资渠道的制度基础；三是进一步规范风险资本运作机制；四是积极创设条件建立"二板市场"，使步入成熟期的高技术企业能够上市融资，为风险资本退出提供通道等①。

上述研究主要对各国（地区）企业技术创新金融支持政策进行对比分析，研究对象主要是中小企业或高技术企业，研究结论大都提出了促进这类企业技术创新的直接和间接的融资支持方式、构建有效的资本市场体系、完善信用制度等较为系统的解决方案。但从企业技术创新与金融创新如何在制度上相互切合，学者的研究尚未涉及。

二 企业技术创新影响因素方面的研究

技术创新是技术进步的核心，是影响经济增长的重要因素，这已成为世界共识。而要让企业能持续不断地进行技术创新的根本途径，则是保持其具有旺盛的创新动力。也正因如此，从熊彼特提出创新理论以来，国内外学者对影响企业技术创新的因素开展了大量研究，但一直也有着较多的争议，不同的学者根据技术创新各动力要素的互动作用结果，提出了各种理论观点和解释模型。到目前为止，国内外学者主要提出了以下三大类模式。

（一）主要从外部因素来构造的解释模式

此类模式最具代表性的有一元论、二元论、多元论、范式—轨道模式及 N—R 关系模式等。一元论主要是学者们在技术创新到底是由"技术推动"还是"需求拉动"上产生分歧。而事实证明，技术并非是企业技术创新的唯一源泉，而有些市场需求也并未引起企业的技术创新。所以，一元论的解释模式显然存在极大的不足。为此，20世纪80年代后，学者们综合一元论中的两种观点提出了"技术推动—市场拉动"双重作用模式，即二元论。相对而言，这种模式有了很大的进步。但企业技术创新的很多外部因素仍然没能得到考虑，而且还忽视了技术创新主体内在因素的作用。后来又有学者提出在技术及市场两方面因素外，企业技术创新还会受到其他多种因素的影响，比如：政府对技术创新的组织规划和激励也是技

---

① 参见王军《试论我国技术创新融资体系的构建》，《理论导刊》2004年第10期。

术创新产生的动力之一，甚至企业家偏好也是企业技术创新的动力。此外，英国经济学家 Dosi 等人认为，根本性创新会带来某种新的观念，这一观念一旦模式化，就成为"技术范式"，如果其在较长时间内发挥作用，产生影响，就固化成为"技术轨道"，一旦轨道形成，就会有持续的创新涌现，即范式—轨道模式。日本学者斋藤优则提出了"N-R 关系模式"，他认为技术创新的动因在于社会需求（Need）和社会资源（Resources）间的矛盾和"瓶颈"。从技术的产生和市场与资源约束分别进行了更深入的研究，拓展了一元论模式，但并没有突破原有的分析框架和体系。

不难发现，上述观点更多地强调引发技术创新的外部因素。然而，在正常、理性的经济系统环境中，由于企业技术创新的驱动在于其经济性上的获利要求，并且企业组织形式不同、各类人员的利益结构都直接影响到企业的技术创新活动。而下述的第二类模式正是从企业技术创新内在动力进行分析的。

（二）主要从内部因素来提出的动力模式

项保华主要从心理学和组织行为学的角度，根据主体对行为的选择、对需求的满足程度等来建立主体动力分析模式。这个模式是一个基于创新对主体需要满足的及时性和合意性、主体内在需要集合、技术创新活动集合以及源于内外部环境的刺激及压力所构成的外在激励集合等因素而构造的创新动力分析模式。其特点是充分关注内在需求的测度，并注意到创新的风险性特点[①]。而万君康等受期望理论的启发，建立了创新动力机制的期望学说。从主体内在对创新收益的预期和影响创新成功的概率来探讨动力的产生及大小[②]。

以上两个较为典型的从主体出发的创新动力模式的研究，从另一个视角增加了人们分析创新影响因素的途径。然而，企业技术创新活动不总是建立在内在动机的基础上，还会受到外部环境的影响。所以，内外因素相

---

① 参见项保华《我国企业技术创新动力机制研究》，《科研管理》1994 年第 15 卷第 1 期。
② 参见万君康等《论技术创新的动力机制与期望理论》，《科研管理》1997 年第 18 卷第 2 期。

互作用的综合分析模式则应该更有说服力。

（三）主要从内外部因素相互作用来提出的动力模式

谢薇提出了"E-E模式"，认为由于技术推动，市场拉动，环境影响力的大小、方向不同以及企业家主体的千差万别，加上来自环境的影响力对创新活动的影响在各个环节呈现出巨大的差异，使技术创新活动呈现出极为复杂的态势。所以，从总体上把握创新趋势，必须以企业家（Enterpriser）主体、环境（Environment）影响为中心[①]。而何亮提出了"技术创新动力综合模式"，指出技术创新动力要素是由内在因素和外在环境构成的，只有内外协同作用，并在一定前提条件下，才能促进创新的健康发展。所以，技术创新动力模式不应该单从主体外在因素或内在需求入手来建立，应综合并动态地反映技术创新要求来构建[②]。魏江则提出了利益驱动、市场或社会需求拉动、企业职工的推进力、企业形象、技术发展的推动力、市场竞争压力和政府推动六方面因素共同作用形成的合力，才是企业技术创新能力的积累和提高，行为受到激励的原因。其中，最大的动力来自企业利益驱动和需求拉动。但是，在市场体系和竞争机制尚未完善的阶段，政府推力也是重要的动力。而技术推动力在我国现阶段的企业中，其作用力还不是主要的，反倒是企业职工推动力的作用强度更大[③]。陈苗等提出了综合的企业技术创新动力机制，认为技术创新受社会需求、技术供给、政府干预和企业家精神等多方面因素的综合影响[④]。张钢等认为我国企业尤其是国有企业技术创新不足，很大程度上在于技术创新与组织、文化创新的协调方面准备不足。同时结合我国典型技术密集型企业的案例分析，对三者进行了探讨，并提出相互匹配的分析框架与一般模式[⑤]。

---

① 参见谢薇《技术创新动力机制的E-E模式》，《软科学》1997年第1期。
② 参见何亮《关于技术创新动力机制研究的几个问题》，《科学技术与辩证法》1998年第15卷第1期。
③ 参见魏江《完善企业技术创新动力机制的对策研究》，《科学管理研究》1998年第16卷第6期。
④ 参见陈苗等《综合的技术创新动力机制分析》，《科技与管理》1999年第1期。
⑤ 参见张钢等《技术、组织与文化的协同创新模式研究》，《科学学研究》1997年第15卷第2期。

第三节　研究评述

企业技术创新不仅在社会经济发展和企业成长中发挥着极其关键的作用，它也是一国经济增长方式转变和企业核心竞争实力提升的必由之路，这已是一个不争的事实。而且，唯有构建一套能让企业技术创新动力足、效率高和能力强的制度环境和体系，才能真正推动企业的技术创新，也才能达到企业持续发展的目标。从当前的经济发展趋势和格局来看，国与国之间的竞争根本上就是企业与企业的竞争，而其本质就是以技术创新为核心的竞争。所以，对技术创新中制度安排问题进行系统研究，有利于企业技术创新和制度创新研究的深化与发展，同时，对企业技术创新实践的指导也是十分重要和必要的。

虽然国内外学者通过研究，已在企业技术创新及其制度安排等方面取得了大量的成果，其中的观点也呈现出企业技术创新的制度安排从单一因素观逐步发展为综合互动观的轨迹。然而，企业技术创新是一个常究常新的课题，就目前的研究来看，有些问题值得进一步探索和深思，概括起来有如下几方面的表现。

第一，现有研究对企业技术创新及其制度安排的根本原因的解释力还需加强。应该说大多数学者在此方面研究切入点选择的差别不大，现象和形式的成分较多，在一定程度上不利于对研究对象本质的把握，可能会对所研究问题的客观性造成一定的影响。如在对企业技术创新动力因素进行分析时，尽管有的学者研究的切入点从技术或是需求的一元决定转变为技术—市场共同作用的二元决定，再转变为各种内外因素共同作用的多元决定，但这些只是说明了推动或阻碍企业技术创新的各种因素的存在，对企业相应的技术创新及制度安排的解释力还显得不足。这就有必要从研究对象的本质入手进行研究，即技术创新是一系列交易的过程，其中的每一项交易是有成本的，而企业要主动、顺利地完成交易过程，最终获得技术创新收益，就需要消除技术创新过程中的高成本障碍，而降低企业技术创新成本的根本路径就是进行有效的制度安排。

第二，研究内容的涉及面可以进一步拓宽，分析还可以更具体和细化。目前国内学者的研究主要涉及企业技术创新宏观制度供给方面及其制度体系构成和要素识别、正式制度或非正式制度等方面。固然,这些方面的研究对于企业技术创新的制度安排极为重要,但企业技术创新毕竟是一个非常复杂的过程,企业是有主观能动性的行为主体,要真正使研究有利于推动企业技术创新活动和实践,达到"知行合一"的目的,就需要让研究内容更加符合企业技术创新活动"技术—经济—管理"的特点,同时,要动态而分层次地细化研究内容,把对企业技术创新的本质、企业技术创新成本的构成、企业技术创新制度安排的内在机制、制度安排的效率和效果等问题纳入研究范围。本书认为,这样将有利于对相关问题进行由表及里的分析,最终使所得到的结论更有针对性和说服力。

第三,研究方法的运用还可以更丰富并加强方法间的融合,这样有利于消除对问题分析和评价方面产生的局限。研究中可以采用的研究方法非常多,目前在企业技术创新的制度安排研究上还是以定性方法居多,虽然也有部分采取定量研究的办法,但分析、评价显得主观性较突出。企业技术创新是一项实践性非常强的活动,不同企业的技术创新活动既有个性和差异的地方,也有共性的地方,发现、总结其中的规律离不开例证和比较研究的方法,这不仅可以归纳出有借鉴意义的启示,还可以对现有的理论观点给予检验和发展。所以,多种研究方法的综合应用,有利于对企业技术创新中的制度安排问题进行科学分析和客观评价。

从上述分析可知,企业技术创新及其制度安排相关研究的广度与深度都仍有拓展的空间,不仅认识上有待完善,而且理论上也有待发展,更重要的是中国企业技术创新中的制度安排问题亟待解决。目前为什么会出现这样一些现象:"不创新等死,创新找死"的困局?为什么很多企业在技术创新上"心动"多于"行动"?或者行动了,也投入了,但实际效果却未达到预期?等等。本书认为,这与缺乏一套适宜、有效的制度安排作保障有着非常大的关系。因此,有必要在目前研究的基础上,选择一个其他的视角,对企业进行技术创新活动的根本缘由,以及在企业技术创新相关的制度安排方面进行更为系统深入的研究。

为此,本书将尝试从制度经济学的角度,运用多种研究方法,来分析企业技术创新的本质特征、成本及其与创新制度安排的关系、制度安排的机理、国内外技术创新制度安排的演化历程等。具体包括以下几方面。

第一，对企业技术创新本质特征的创新认识。在前人研究的基础上，本书从制度经济学的视角对技术创新本质特征提出了相应的看法，即技术创新本质上是一种交易，其行为就是交易行为。它不仅表现为新技术对老技术的替代及生产要素组合方式的替代，而且这种替代往往会转化为一种较为长期的、对企业技术创新各类资源和要素进行重新配置的过程。所以，企业技术创新除了具有不确定性、高投入性、外部性和累积性的特点外，还具有替代性和配置性的特征。而这些本质特征都充分说明了企业技术创新的制度安排问题值得关注。此方面的观点形成了本研究的一个创新点，也成为后续研究和分析的前提。

第二，对企业技术创新制度安排进行理论分析。一是对技术创新成本的构成进行分析。通过研究，指出技术创新成本包括两大类：技术替代成本和制度配置成本。也就是说，企业在使用新技术的过程中，既要关注市场意义上的成本，还要考虑随之产生的潜在的、长期的制度成本。所以，通过成本构成分析，有助于我们对企业技术创新成本有一个较为全面的认识。二是对技术创新成本与企业制度安排行为的关系进行分析。主要运用交易成本理论对企业技术创新制度安排的选择进行逐层分析。研究认为，技术创新的制度安排是在复杂、动态、不确定的条件下进行的多层决策，往往会受到多方面因素的影响。三是从企业技术创新体系的角度，对外部制度安排和内部制度安排与企业技术创新的关系进行分析，说明只有技术创新内外制度，包括宏观微观制度、正式制度与非正式制度、正式制度中各种制度间等，都处于良好的配置，才能使企业技术创新有充足的动力，也才有利于企业技术创新的持续和创新能力的提升。上述分析逻辑和相关观点形成了本文的分析框架，也是本书的一个创新点。

第三，强调历史和对比研究方法的应用。为了对理论分析的结论做出检验，本书对国内外技术创新制度安排的情况进行了相关研究，用演进的历史观分析和比较了其制度安排的历程和规律，并对其经验或教训进行了总结，使研究获得更多的实例支撑。

当然，企业的技术创新及其制度安排是一个处于不断变化中的系统工程,对其的研究必将是永无止境的,而本书目前的研究也仅只是开启了探索这方面研究的一扇窗。囿于笔者学识、能力和其他方面的不足,未来的研究还可在现有的基础上从以下方面进一步提升。

第一,企业技术创新外部制度与内部制度的互动关系及机制的理论和实证研究。本研究在理论分析中虽然指出了二者存在相互促进或制约关系,但由于本书结构和体系的局限,书中并未对二者相互关系的形成机理、互动机制等问题展开分析。在今后的研究中,需要结合企业技术创新制度安排的具体实践情况,进行相应的理论和实证研究。

第二,实证研究及方法的进一步探索。本书研究所用的主要数据资料虽然是公开的,但毕竟只是二手资料,在一定程度上降低了研究结论的客观性和说服力。因此,今后应结合研究需要,适当增加实地调研和专家访谈等环节,获取第一手的研究数据和资料。由于企业技术创新制度安排不是一项静态的活动,所以,研究中还可以采取演化实验模拟的方法来辅助解决技术创新中的现实问题。此外,对制度安排有效性评价方面,也需要进行专门的研究,包括对有效性的界定、识别,以及评价指标的确定、评价体系的构建和评价方法的选择等。

第三,研究内容的细化和进一步深入。本书主要从理论上对企业技术创新问题进行研究,而且中国企业的研究也主要选择了高技术企业,难免忽略了企业类型多样化和所处行业差异化所带来的研究和结论的局限。因此,在今后的研究中可分别就不同类型企业技术创新的制度安排问题进行实证研究或比较研究,探寻影响其制度安排的根本原因。

第三章 企业技术创新的本质

作为企业经济活动的技术创新，其之所以发生，是因为人类社会存在、发展中的各种客观条件和主观需要的有机结合，并将技术创新活动的这种客观性和主观性固化于企业经济运行的内在规律中。也就是说，企业技术创新活动有着区别于其他活动的性质。从现有的对技术创新的认识来看，不仅有学者对技术创新各种不同视角的定义，而且目前已有的理论研究成果及中国企业技术创新实践，为以下将要进行的技术创新本质的研究打下了坚实的基础。当然，本书对技术创新本质的探讨，是为了深化对企业技术创新的认识，更好地理解企业技术创新活动这种"技术—经济—管理"现象，科学有效地指导技术创新的实践及制度安排。

第一节 关于企业技术创新的经典论述

事实上，亚当·斯密是较早关注企业技术创新问题的经济学家。他指出："只要工作性质上还有改良的余地，各个劳动部门所雇的劳动者中，不久自会有人发现一些比较容易而便利的方法，来完成各自的工作。唯其如此，用在今日分工最细密的各种制造业上的机械，有很大部分，原是普通个人的发明。"[①] 只不过斯密仅从技术创新的来源方面进行了初步的探讨。而约瑟夫·阿洛伊斯·熊彼特的思想则把人们对技术创新的思考引向了系统化研究的轨道。以下本书将对企业技术创新的经典论述进行简要的

---

① ［英］亚当·斯密：《国民财富的性质和原因》上卷，郭大力等译，商务印书馆1972年版，第10页。

回顾。

一 熊彼特主义者的技术创新理论

熊彼特主义者的技术创新理论由熊彼特的创立研究阶段和熊彼特之后的学者（也被称为"新熊彼特主义者"）拓展研究阶段两个阶段的理论构成。

（一）熊彼特的观点

在熊彼特的专著《经济发展理论》中，他不仅明确提出了创新的概念，还认为"新组合"是创新的主要特征，并将创新的内容概括为五个方面：一是引入一种新产品或一种产品的新特性；二是采用一种新的生产方式；三是开辟一个新市场；四是获得或控制原材料或半成品的新的供应来源；五是实行任何一种新的工业组织形式[①]。从上述这些内容可知，企业的创新活动包括技术创新和制度创新两类，前四个方面主要涉及技术创新的内容，第五方面则是制度创新的内容。而"新新组合的实施必然，甚至在更大程度上，变成同一个经济实体的内部事情"[②]，既反映了企业技术创新形式的多样化，又反映出其中相互关联和过程化的思想。也就是说，企业的技术创新无论以上述哪种方式展开，技术创新系统在结构和功能上的优化与完善，都离不开技术、经济和管理各类要素的保障、协调和配置。

熊彼特提出的"新组合"体现的是一种"革命性"的变化。他认为，实现"新组合"可通过两种方式：一是企业家或大企业。在他的《经济发展理论》中，他特别强调企业家的作用，把职能是实现"生产手段的新组合"的人都称为"企业家"[③]。他指出："企业家的功能是通过利用一种新发明，或者更一般地利用一种未经试验的技术可能性，来生产新产品或者用新方法生产老商品；通过开辟原料供应新来源或产品的新销路；

[①] 参见［美］约瑟夫·阿洛伊斯·熊彼特《经济发展理论》，叶华译，中国社会科学出版社2009年版，第85页。
[②] 同上书，第86页。
[③] 同上书，第95页。

通过改组工业结构等手段来改良或彻底改革生产模式。"① 总的来说，这群人往往能意识和认知到产生于企业和市场结构之外的一系列发明流潜在的价值，偏好风险，并随时准备采取冒险行动实现"新组合"。因此，他们创新的动机不能用一般资本家和经理人的假设去衡量。而一旦他们的行动成功实现了革命性的变化，必定会改变原有均衡的市场结构、经营体系和组织状态，而作为创新行动的回报，创新者将获得短期的超额垄断利润。在《资本主义、社会主义与民主》一书中，与以往强调企业家的作用和把技术看作企业经济体系的外生变量不同，熊彼特更加强调大企业在技术创新中的地位，并将技术创新看作内生的行为。这里所提到的大企业是指独家卖主，它的市场并不是打开大门听任同一商品的可能生产者或邻近商品的真正生产者随便闯进来的②。他认为，完全竞争与技术创新是不相容的，而垄断是技术创新的重要前提。因此，现实情况是"大规模控制企业已成为那种（经济——笔者注）进步的最强有力的机器……就这方面说，完全竞争没有资格被树立为理想效率的模范"③。在熊彼特的大企业技术创新模式中，企业家的位置被企业内部的研发部门或机构所取代，从而，企业的技术创新也就不再只是企业家对外在发明的发现和认知，而是外在技术与内在技术相伴相生的交互过程。这种"新组合"实现方式的演化，印证了20世纪以来企业越来越多地利用内部研发进行技术创新的客观现实。按照熊彼特的观点，企业技术创新是一项具有极高不确定性的活动，需要有足够的实力才能承担相应的风险。尽管企业家有风险的偏好，但却越来越难以应对日益复杂的技术创新活动。大企业的出现和发展正好可以弥补企业家承担技术创新风险中的不足，而创新给予成功企业的垄断利润，又进一步激励企业的技术创新活动。

上述观点表明，熊彼特除重视技术因素在技术创新中的推动作用外，他还看到了制度在技术创新中的重要作用，这在《经济发展理论》中也有相关的论述。他提道："每一个人都会尽可能地紧紧地遵从习惯的经济

---

① ［美］约瑟夫·阿洛伊斯·熊彼特：《资本主义、社会主义与民主》，吴良健译，商务印书馆1999年版，第210页。
② 同上书，第162—167页。
③ 同上书，第176页。

方法，并且只在迫不得已的时候才屈从于环境的压力。这样，经济体系就不会自行随意地发生变化，而是在任何时候都和先前存在的状态相联系。"① 同时，他也认识到了"经济上的最佳和技术上的完美二者不一定背道而驰，但往往是背道而驰，这不仅是因为无知和懒惰，而且还由于在技术上很低劣的方法可能仍然最适合给定的经济条件"。② 由此可以看出，现实中技术创新目标的实现，并不是想象中那样简单而自然，它往往会受到制度和环境的制约。尽管熊彼特意识到了制度（无论是宏观的经济制度还是微观的研发制度等）在技术创新中的地位，但总的来说，他的理论体系中仍把制度因素看作外在的因素，并没有给予高度的重视。"熊彼特模型……没有理解到科学技术进步中包含着一系列丰富多样的制度，这些制度甚至在熊彼特写书时就已经存在。当然，熊彼特当时不可能预料到技术的性质在后来发生的变化，不可能预料到从他那个时代以来制度环境发生的变化。"③ 他"几乎没有谈到政府对工业、技术和科学的政策，或大学、政府机构与工业研究与开发之间的关系"④，更多的是以一种较为"纯粹"的方式研究技术创新。

（二）新熊彼特主义者的观点

20世纪50年代以来，以施穆克勒、罗森伯格、弗里曼、曼斯菲尔德、纳尔逊和温特等为代表的西方学者，沿着熊彼特技术创新的研究思路，从更为广泛、深入的视角进行了多方面的研究，形成了许多有价值的观点，主要体现在以下三个方面。

1. 对技术创新过程研究的深化

由于熊彼特技术创新的思想和观点已被世人所认可，因此，长期以来人们对技术创新的理解主要立足于技术拉动的模式，即企业外生或内生技术发生的改变，导致企业对新技术的投资和管理，进而在生产过程中采取

---

① ［美］约瑟夫·阿洛伊斯·熊彼特：《经济发展理论》，叶华译，中国社会科学出版社2009年版，第15页。
② 同上书，第22页。
③ N. Nelson, *The Sources of Economic Growth*, Cambridge, MA: Harvard University Press, 1996, p. 53.
④ ［美］G. 多西等编：《技术进步与经济理论》，钟学义等译，经济科学出版社1992年版，第7页。

新的制造方式，产出新的产品并投入市场，获取相应的超额利润。然而这种观点在20世纪60年代以后受到了市场拉动模式的质疑和挑战。施穆克勒通过对美国相关产业技术创新的考察和分析后认为，技术创新主要源于对潜在市场需求的把握，与其他经济活动一样受市场需求的影响。也就是说，市场新的需求反映出人们对产品（或消费品）效用新的要求，受潜在利润的驱动，企业必然对现有产品进行改进和完善，甚至是重新发明、创造，进而导致对新产品的投资和生产。

之所以会出现对这两种观点的争议，本书认为，主要是由于学者们用一种静态的眼光看待技术创新过程。然而，如果动态地来看，技术创新过程是一个不断循环的过程，现实中企业技术创新过程既离不开技术方面，也离不开市场需求方面，只不过它们出现在技术创新的不同阶段。罗森伯格等认为，发明活动由需求和技术共同决定，需求决定了创新的报酬，而技术决定了成功的可能性和成本。从辩证综合的角度看，克莱因和罗森伯格在1986年所提出的技术创新过程的"链环—回路模型"，较好地阐释了技术拉动和市场拉动与技术创新各阶段的关系。

随着企业技术创新过程中研发和生产组织的不断变化，企业间的战略合作和纵向、横向一体化的联系越来越密切，学者们对技术创新过程的研究也更广泛地关注那些与技术创新过程紧密相关的各种要素及其之间的关系，进而提出技术创新过程的网络化模型。"有相当多的证据表明，今天创新已经在很大程度上更多地成为一个网络过程了。在80年代，横向战略联盟和合作研究开发集团数量有了戏剧性的增加。垂直关系，特别是与供应商之间的关系，在性质上已经变得更加亲密并且具有战略性了。"①

2. 研究市场结构对技术创新的影响

熊彼特的大企业技术创新实现模式表明，垄断是技术创新的重要前提和条件。此后，学者们通过理论或实证研究来论证熊彼特的这一观点，得到了许多有价值的成果。在理论研究方面，阿罗选择完全垄断和完全竞争的市场结构进行对比研究后认为，后者比前者更利于技术创新的出现。杰

---

① R. Rothwell, "Industrial innovation: success, strategy, trends" in M. Dodgson and R. Rothwell, *The Handbook of Industrial Innovation*, Edward Elgar, 1994, pp. 42 – 43.

罗斯基的研究认为，在促进技术创新方面，竞争性强的产业要高于集中度高的产业。即垄断不利于技术创新。在实证研究方面，曼斯菲尔德认为，不同产业中的技术创新与垄断的关系有较大的差异。在企业规模超过一定阈值后，企业规模与研发及创新产出之间没有显著的相关性。谢勒尔对数百家企业专利进行分析后认为，专利强度与企业规模没有正比例增长的关系，与利润也没有限制的相关性。上述学者的研究结论与熊彼特垄断是创新前提的观点完全不同。客观地看，市场结构与企业技术创新有着紧密的关系已是一个不争的事实，只是由于学者们研究的角度不同，导致了观点和结论上的不一致，而本研究认为，这恰好丰富了我们对市场结构对企业技术创新影响的认识和理解。

3. 用不同的分析范式来研究企业的技术创新

概括而言，学者们采用的主要分析范式包括技术轨迹、技术路径和网络分析范式等。

(1) 技术轨迹分析范式。技术轨迹的概念是纳尔逊和温特最先用于技术创新分析中的。首先，他们对技术知识和科学知识进行了区分，并指出两类知识的演化逻辑有极大的不同；其次，他们认为技术轨迹能反映促进技术知识随机数的状况和经济行为演化路径累积的若干因素，技术拉动和需求拉动能沿着某种技术创新顺序相互支持；最后，他们认为企业是在与现有技术相邻的技术空间中搜寻新技术的[①]，这可称为"局部搜寻"。之后，许多学者的观点进一步深化了技术轨迹的分析。比如：罗森伯格的技术趋同理念强调技术创新与其所引起的相关创新的动态融合特征和过程；而阿罗强调重新关注和评价学习功能的观点说明，技术创新是一个知识和能力的累积过程，创新主体的学习行为对于企业技术创新来说极其重要；而多西则提出了技术范式转变的观念，并指出技术轨迹的非连续性特征会导致技术范式出现危机，进而促使新的技术轨迹出现，而旧的技术轨迹则逐渐消亡。可以说，技术轨迹这种新的分析范式对传统技术创新研究方法是一个有益的补充，在进行企业层面和市场竞争过程中的技术创新分

---

① [美] 理查德·R. 纳尔逊等《经济变迁的演化理论》，胡世凯译，商务印书馆1997年版，第299—300页。

析时尤为有价值。

（2）技术路径分析范式。20世纪60年代末以来，Stiglitz和David等分别提出了局部技术变革及路径依赖的概念，使原有的技术轨迹分析范式发生了极大的转变，从而形成了一种新的分析范式——技术路径分析范式。在这种新的研究方法中，技术路径被看作企业进行技术创新的通道。也就是说，企业通过学习，对目前特定的技术进行变革，进而使全要素生产率在一定的技术空间内得以提升。而且在这样的路径中，原来的生产要素组合可以保持不变。企业的技术创新之所以形成特定的技术路径，主要由于作为创新主体的企业组织，其行为往往会受到各种不可逆资本和有限理性的约束，即企业的技术创新是有成本的，而且不是一个完全自发的过程。因此，理论上企业最佳的选择是在临近当前技术水平的技术区间内进行不断的技术改进。这说明，这种技术创新活动和过程存在路径依赖。一旦路径依赖机制发挥作用，则技术创新的每一步将会受到过去技术事件或行为的影响，但技术并不是唯一的影响因素。企业技术创新路径依赖现象之所以会发生，是由企业内部运行和外部市场规律共同决定的。

与技术轨迹分析范式相比，技术路径分析范式不仅能更为合理地诠释企业技术创新成败等各种情形产生的原因，还能为企业技术创新效率及方向的主要影响因素分析提供系统的评价视角。

（3）网络分析范式。除上述这两种主要的技术创新分析范式外，20世纪90年代以来，由于技术的系统性和互补性、市场和制度环境的不确定性以及创新资源的稀缺和分散，技术创新网络的概念应运而生，使技术创新网络分析范式成为近年来解释企业技术创新效应和能力的一种新方式。它认为技术知识是一种准公共产品，无论是否处于同一创新网络，各类知识间的相关性是非常强的。因此，这种分析范式重视对创新网络中新技术知识产生和扩散机理的分析，关注创新网络中技术创新带来的正的外部性和创新主体之间的创新合作及其方式。显然，近年来不断出现的各种创新集群现象就是这一分析范式所要诠释的例子。

二 经济增长理论中的技术进步

在经济思想和理论发展演变的过程中，经济增长问题从未离开过经济学家的研究视野。在古典经济增长理论中,我们看到了许多关于技术进步对经济增长作用的间接论述;而在对经济增长规律的探索中,新古典经济学家则从各自不同的角度对技术进步的作用进行了假设,形成了两类经济增长理论,即外生经济增长理论和内生经济增长理论。

(一)古典经济学家的观点

亚当·斯密在《国民财富的性质和原因的研究》中把劳动分工、生产性劳动和资本积累看作促进经济增长的三个主要因素。他认为,劳动分工的程度、劳动生产率和劳动工具的改进等都与资本积累的规模有着密切的关系。也就是说,资本越充裕,维持大规模生产性劳动者的数量也就越多,则劳动分工可以越细,对生产工具改良的投入也会越多。同时,他也观察到了利润率随经济增长而下降的事实,并指出利润率下降是由于生产规模的扩大导致有利的投资机会减少。根据大卫·李嘉图对工资、利润和地租相互关系以及它们对经济增长影响的研究可知,他认为利润率下降的原因有两个:一是土地报酬的递减趋势会导致边际生产率持续下降,从而推动劳动者所需的主要生活资料价格的上涨,使他们的名义工资提高,资本家的生产成本上升,进而使利润减少,资本利润率相应下降;二是地租会随生活资料价格的上升而增加,这同样使利润进一步减少,利润率进一步下降。当利润率下降到使资本积累的动力消失时,经济增长也将因此而停滞。

上述代表性观点都认为国民财富的增长是多因素共同作用的结果,其中,劳动者数量和资本积累是两个主要的影响因素。显然,技术进步对劳动生产率的提高和经济增长的促进作用,在古典经济学家的观念中还没有完全形成。

(二)新古典经济学家的看法

相对而言,技术进步在新古典经济学家的经济增长模型中,被看作一个重要的影响因素,其作用也在理论观点的演化中被逐步揭示出来。

1. 外生经济增长模型

哈罗德和多马分别于1938年《动态理论》一文和1946年《资本扩大、增长率和就业》一文中提出了有关国民收入稳定均衡增长的条件,使原来的经济增长理论得到了一定的发展。但是该模型的局限性在于其低估了技术进步的作用。从哈罗德—多马模型"生产要素是按固定比例组合"的基本假设可知，技术进步没有直接进入模型，技术系数是固定不变的。

为了克服哈罗德—多马模型的不足，索洛、斯旺、米德和萨缪尔森等经济学家用新古典生产函数取代了哈—马模型中的投资函数，形成了新古典经济增长模型。该生产函数表明，在满足相应条件的前提下，产出由资本和劳动两种要素决定，且两要素间可以相互替代，而技术进步仅仅只是时间的函数，并由增长模型外的不可控因素决定，"等同于任何引起生产函数移动的事件"[①]。这样，哈—马模型中假设不变的资本产出比也就可以通过这两种要素的相互替代加以调整，最终使资本主义经济通过市场调节达到稳定均衡的增长。但是，在储蓄率和其他条件不变的情况下，投入和产出将会趋于一个稳定状态。所以，资本积累本身难以很好地解释持续的经济增长，尤其是人均产出的增长。后来经济学家对模型进行了扩展，在模型中引入了技术进步因素，并用"劳动效率"变量来加以反映。虽然在稳定状态下，每效率单位的资本和产出不变，但人均产出和总产出却会随技术进步的变化而变化。因此，加入了技术进步的新古典增长模型表明，技术进步才是经济持续增长的源泉。

2. 内生经济增长模型

虽然上述的经济增长理论发展中或间接或直接地都涉及技术进步的因素，但始终将技术进步作为外生变量。即使是扩展后的新古典增长模型，也还存在一些对技术进步的经济效果揭示不到位的地方：一是对技术进步的解释采用的是受技术进步影响的其他变量隐含式衡量的方式，没能说明技术进步真正的来源；二是新古典增长理论认为，各国、各地区长期经济增长率与技术进步率是同等的，并且技术进步外生性假设表明，大家获得技术进步的机会是均等的，也就是说，各国、各地区的经济增长趋势应该是一致的。但这似乎与现实中经济增长的巨大差异不符。因此，20世纪80年代以来，罗默、卢卡斯等经济学家进一步发展了新经济增长理论，

[①] Solow R, "Technical change and the aggregate production function" *Review of Economics and Statistics*, Vol. 39, 1957.

提出了以技术外部经济性、溢出效应、人力资本和收益递增等为特点的技术内生经济增长模型。

三 马克思主义者的技术创新思想

(一) 马克思的技术创新思想

在《资本论》中,马克思对资本积累规律、扩大再生产等问题进行了详细的分析。他认为,资本主义的生产方式决定了资本家通过资本积累进行扩大再生产,进而不断推动经济增长的现实。然而资本积累的过程是将剩余价值转化为扩大再生产资本的过程,这一过程与技术进步相伴随。此外,马克思和恩格斯还在《共产党宣言》中指出,资本主义扫清陈旧的社会和经济障碍并得以存在的根本手段是通过竞争过程驱使企业不断创造新工艺,生产新产品。由此可见,无论是马克思主义者还是熊彼特主义者都非常清楚地认识到了持续创新在资本主义经济发展中的重要性。[①]

当然,马克思除了指出资本主义经济发展中的这一客观现实外,他更注重对这种技术创新社会过程的分析,在其经济学手稿中就曾对资本主义使用机器的历史、社会前提和条件进行了大量的论述。他指出,虽然科学的发展和知识体系的完善,以及技术发明和改进的累积,为新的生产手段的产生和使用奠定了必要的基础,但唯有市场需求的出现才会将可能变为现实。马克思认为采用新的机器设备将有利于整个资本主义生产方式的转变,但从单个资本家的角度看,只有当机器的使用"使暂时还受旧生产方式支配的工人的必要劳动时间延长了……却是最初采用机器的工厂中的必要劳动时间相对缩短"[②]时,引入新机器的资本家才能比别的资本家占有更多的剩余劳动,可以榨取更多的剩余价值,从而将产品以高价出售,获取更多的超额利润。然而,"这种必要劳动时间的缩短,只是暂时的,一旦机器在这个部门普遍应用,使得商品价值重新归结为商品中包含的劳动时间,这种情况也就消失了。但是,这样同时又刺激资本家采用日益翻

---

① [澳] Mark Dodgson 等《创新集聚——产业创新手册》,陈劲等译,清华大学出版社 2000 年版,第 87—88 页。

② 《马克思恩格斯全集》第 47 卷,中央马列编译局译,人民出版社 1979 年版,第 372 页。

新的小改进，使他雇用的工人的劳动时间高于同一生产领域内的社会必要劳动时间的水平。"① 马克思的分析使我们认识到：创新是一个从垄断到扩散并持续发展的过程。这种由于新技术、新工艺或新的生产手段的运用，让最早采用的组织的必要劳动时间缩短，从而引发其他更多组织的效仿，使技术创新得以扩散的同时，也使相应领域或部门的竞争加剧，利润率逐步向平均利润率收敛，于是新的一波创新又会出现。如此不断地推动着资本主义生产方式的变革。然而，仅仅只是生产工具的改变是难以使资本主义经济持续发展下去的，除非资产阶级不断推动相应的生产关系也发生革命性的变化。马克思通过对18世纪英国、法国、德国等主要资本主义国家的比较研究后认为，从科学发现和技术发明等方面看，这些国家的水平相当，但为什么工业革命却最终在英国发生？根本的原因在于当时英国的社会、经济关系，比如：英国的农业关系和殖民地政策②，已经发展到足以使这些先进的科学和技术付诸于生产实践的程度。除上述分析外，马克思还强调国与国、地区与地区之间的交往对技术创新的重要作用，并指出"只有在交往具有世界性质，并以大工业为基础的时候，只有在一切民族都卷入竞争的时候，保存住已创造出来的生产力才有了保障"。③

从技术创新的微观层面看，马克思认为，现代组织的生产经营活动主要由专业技术人员技术活动和企业家的管理活动构成。他还指出工厂主与经理有着本质的不同，并肯定了资本主义协作生产中经理阶层的作用，"随着劳动过程本身的协作性质的发展，生产劳动和它的承担者即生产工人的概念也就必然扩大。为了从事生产劳动，现在不一定亲自动手，只要成为总体工人的一个器官，完成他所从事的某一种职能就够了。"④ 所以，企业家也被称为"工厂制度的灵魂"。⑤

---

① 《马克思恩格斯全集》第47卷，中央马列编译局译，人民出版社1979年版，第373页。
② 同上书，第598页。
③ 中央马列编译局编：《马克思恩格斯选集》第1卷，人民出版社1972年版，第60—61页。
④ [德]卡尔·马克思：《资本论》第1卷，中央马列编译局译，人民出版社1975年版，第555—556页。
⑤ 《马克思恩格斯全集》第47卷，中央马列编译局译，人民出版社1979年版，第541页。

(二) 中国马克思主义者的技术创新思想

以毛泽东、邓小平、江泽民和胡锦涛等为代表的中国马克思主义者用中国经济、社会发展的实际,科学地诠释和发展了马克思技术创新的思想。主要体现在以下几方面。

1. 对依靠技术创新发展社会生产力都有明确的认识

20世纪50年代初,百废待兴的新中国,面临着靠什么来加快其建设和发展的问题。通过对先进国家发展道路的分析,毛泽东认为,在中国加快发展科学技术不仅有必要,而且是迫在眉睫的中心工作。1963年底,毛泽东在听取聂荣臻和中央科学小组汇报科技工作十年规划时,更加明确地指出:"科学技术这一仗,一定要打,而且必须打好。……现在生产关系是改变了,就要提高生产力。不搞科学技术,生产力无法提高。"① 邓小平在1978年全国科学大会上的重要讲话中明确地指出"科学技术是生产力"。1988年邓小平在视察北京正负电子对撞机工程时指出:"现在世界的发展,特别是高科技领域的发展一日千里,中国不能安于落后,必须一开始就参与这个领域的发展,……还有其他一些重大项目,中国也不能不参与,尽管穷。因为你不参与,不加入发展的行列,差距越来越大。"世纪之交,面对全球新兴科技和知识经济的发展,江泽民代表中国政府首次正式提出实施"科教兴国"的战略。他指出:"离开科技进步与创新,我们就难以保持经济社会的持续稳定发展,就难以实现跨世纪的现代化建设目标。"② 然而,"目前,我国科技的总体水平同世界先进水平相比仍有较大差距,同我国经济社会发展的要求还有许多不相适应的地方","我国科技事业发展的状况,与完成调整经济结构、转变经济增长方式的迫切要求还不相适应,与把经济社会发展切实转入以人为本、全面协调可持续的轨道的迫切要求还不相适应,与实现全面建设小康社会、不断提高人民生活水平的迫切要求还不相适应"③。

---

① 刘亚东:《重温毛泽东邓小平江泽民关于科技和创新的论述》(http://news.xinhuanet.com/politics/2006-01/08/content_4023958_2.html)。

② 江泽民:《论科学技术》,中央文献出版社2001年版,第146页。

③ 胡锦涛:《坚持走中国特色自主创新道路 为建设创新型国家而努力奋斗》(http://theory.people.com.cn/GB/49169/49171/4012810.html)。

2. 自主创新是技术创新的根本之路

毛泽东时代的技术创新是通过国家举全国之力，通过无数科学家和科技人员的自力更生和共同努力，在很短的时间内首先在国防领域建立起相对完整的研发体系，取得了"两弹一星"等一个又一个的科技硕果。邓小平主张以自己的方式发展中国的高科技，并于1986年3月和1988年8月分别批准实施了瞄准世界高新技术前沿的"863计划"和以高新技术商品化、产业化、国际化为宗旨的"火炬计划"；先后批准建立了53个国家级高新技术产业开发区。改革开放政策的实施，使中国在加强国际科技交流与合作、引进国外先进技术等方面获得了长足的进步，但无论是引进技术还是合资合作，都没能让中国企业的核心竞争力得到全面的提升。"如果自主创新能力上不去，一味靠技术引进，就永远难以摆脱技术落后的局面……作为一个独立自主的社会主义大国，我们必须在科技方面掌握自己的命运。"①

3. 强调技术创新中人才的重要性

事实上，不论处于什么时代，技术创新的核心问题都是人才问题。1956年毛泽东在最高国务会议第六次会议上指出，要在几十年内，努力改变我国在经济上和科学文化上的落后状况，迅速达到世界先进水平。这就需要有数量足够的、优秀的科学技术专家。在1978年的全国科学大会上，邓小平强调："必须打破常规去发现、造就和培养杰出的人才"，把"尽快培养出一批具有世界第一流水平的科学技术专家，作为我们科学、教育战线的重要任务"。所以提出，一定要尊重知识，尊重人才。"要努力建立一支富有创新能力的高素质人才队伍。"②"当前，人才竞争正成为国际竞争的一个焦点。无论是发达国家还是发展中大国，都把科技人力资源视为战略资源和提升国家竞争力的核心因素。"③

4. 重视促进技术创新的体制和机制建设

作为中国科学事业发展的重要组织机构——中国科学院——在新中国

---

① 江泽民：《论科学技术》，中央文献出版社2001年版，第55页。
② 同上书，第148—156页。
③ 胡锦涛：《坚持走中国特色自主创新道路 为建设创新型国家而努力奋斗》（http://theory.people.com.cn/GB/49169/49171/4012810.html）。

成立不到一个月就成立了,毛泽东亲自将中国科学院印信颁给了第一任院长郭沫若。此后,还由周恩来和聂荣臻等牵头制定了《1956—1967年科学技术发展远景规划》,对指导新中国尽快建立自己的科学技术体系、促进中国科学技术的发展以及缩短与先进国家的距离发挥了重要的作用,具有划时代的意义。[①] 由于中国最初的科技体制是在特定的历史条件下建立起来的,所以,其重点主要涉及国家安全领域。也正因如此,邓小平指出:"现在要进一步解决科技与经济结合的问题。"1985年3月,《中共中央关于科学技术体制改革的决定》公布,标志着从宏观上制定了科技为经济服务的方针,使中国科技体制改革步入有组织的全面实施阶段,为科技成果向现实生产力转化以及高新技术产业化的发展奠定了政策基础。此后《关于进一步推进科技体制改革的若干规定》及《关于深化科技体制改革的若干问题的决定》等一系列重要举措的出台都不断推进和深化我国的科技体制改革。在1995年的全国技术创新大会上,江泽民就建立有效的技术创新机制提出了一系列措施:一是继续推进科技与经济紧密结合的科技体制和经济体制改革;二是加强市场机制与宏观管理的结合,充分发挥两种手段促进科技进步与经济发展的重要作用;三是完善技术创新成果转化的配套体系;四是形成科研机构、高等院校与企业分工协作的机制,研究开发与生产相结合的机制;五是推进国家创新体系的建设;六是加快高素质创新人才队伍的培养和引进;七是营造民主的学术氛围,树立尊重知识和人才、崇尚探索和创新的良好风尚。

5. 突出企业作为技术创新核心主体的地位

在计划经济体制下,企业作为技术创新主体的地位没能较好地体现出来。1985年3月7日,邓小平在全国科技工作会议闭幕式上的讲话中指出,企业应该成为技术进步的主体,要强化企业的技术吸收和开发能力。2006年1月9日胡锦涛在全国科学技术大会上指出,加强国家创新体系建设,就是要建设以企业为主体、市场为导向、产学研相结合的技术创新体系,使企业真正成为研究开发投入的主体、技术创新活动的主体和创新

---

① 参见刘亚东《重温毛泽东邓小平江泽民关于科技和创新的论述》(http://news.xinhuanet.com/politics/2006-01/08/content_4023958_2.html)。

成果应用的主体，全面提升企业的自主创新能力。

第二节 关于企业技术创新概念界定的述评

概念作为事物本质属性的思维形式，是人们认识客观事物和活动的基础，对同一现象和事物，人们往往会有不同的理解和表述。到目前为止，学界对于技术创新的概念也并没有形成严格、一致的界定，现将国内外代表性的诠释概括如下。

一 国内外学者有关企业技术创新概念的界定

前面已对技术创新的相关理论观点进行了归纳，也在一定程度上反映出技术创新内涵的复杂性。然而，这只代表学者们对技术创新发展某些阶段和某些领域的认识。事实上，以此为基础，国内外学者并没有停下对技术创新认知的脚步，仍然在不断完善和丰富着前人的观点。

（一）国外学者对技术创新概念的界定

熊彼特指出，所谓创新就是指将新的生产资源投入实际应用的过程。创新意味着在供给方面的破旧立新。1939年他在《商业周期》一书中较为系统地提出了创新理论。

"凯恩斯革命"理论的出现，使熊彼特的创新理论没能得到人们足够的重视，直至20世纪50年代，技术变革对社会和经济发展的作用凸显出来，使人们开始重新对技术创新问题有了更进一步的探索。索洛指出，技术的变化，包括现有技术被投入实际应用所带来的具体的技术安排、技术组合的变化，可谓之创新；创新发源于精神活动；绝大部分创新筹划远较通常的计划制订需要更为精确的技术数据和煞费苦心的设计安排。在《资本化过程中的创新：对熊彼特理论的评价》中，索罗将技术创新作为重大经济变革的源泉来认识，并首次提出技术创新成立的两个条件，即新思想来源和以后阶段的实现发展。这一"两步论"的观点可称得上是技术创新概念界定上的里程碑。[1]

---

[1] 参见傅家骥主编《技术创新学》，清华大学出版社1998年版，第5—6页。

20世纪60年代后,对技术创新研究的学者除经济学家外,社会学家、历史学家、企业家和政策研究人员等也加入到研究中来。伊诺思提出:"技术创新是几种行为综合的结果。这些行为包括发明的选择、资本投入的保障、相应组织的建立、制定计划、雇佣工人和开辟市场等。这些活动中的任何一次不能成功,技术创新则不能成功。"① 林恩从创新时序过程的角度提出了其对技术创新的认识,即技术创新"始于对技术的商业潜力的认识而终于将其完全转化为商业化产品的整个行为过程"。②

可以说,上述两位学者将熊彼特提出的技术创新五种形式及其所包含的思想进行了非常好的凝练,以至于使后来的学者在技术创新界定方面很难有更多的突破。

美国国家科学基金会的迈尔斯和马奎斯认为,技术创新是一个复杂的活动过程,从新思想和新概念开始,通过不断地解决各种问题,最终是一个有经济价值和社会价值的新项目得到实际的成功应用。③

而到了20世纪70年代后,相关方面的研究更为细化、深入和系统,不仅涉及技术创新的不同层面,而且许多理论和方法也在研究中被广泛应用。所以,此阶段形成的相关理论对实业界和政府的有关管理都产生了积极的影响。为了便于比较,按照发生的先后次序,创新过程可分为三个阶段:一是新构想的产生;二是技术难点攻关或技术开发;三是商业价值实现或扩散。新构想产生过程是一个对现有的各种信息的综合分析过程。包括市场或其他方面的需求信息及满足这些需要可能采取的技术发明的信息。技术难点攻关阶段包括设备安装、建立工厂、产品制造、市场启动等。商业价值扩散发生在外部环境中,始于创新的首次引入之后。许多具体重大商业意义的创新都是成本节约型或价值增殖型的,它们是持续开发的结果。④ 曼斯菲尔德20世纪60年代对创新的界定主要突出产品创新,

---

① J. L. Enos, "Invention and Innovation in Petroleum Refining Industry" *National Bureau of Economic Research Special Conference*, Princeton, NJ: Princeton University Press, 1962, pp. 299 – 322.
② 胡哲一:《技术创新的概念与定义》,《科学学与科学技术管理》1992年第13卷第5期。
③ S. Myers, D. G. Marquis, *Successful Industrial Innovations*, Washington, D. C.: National Science Foundation, 1969, pp. 69 – 71.
④ Utterback J. M, "The Process of Technological Innovation within the Firm" *Academy of Management Journal*, Vol. 3, 1977.

而70年代后期,他的解释有了极大的变化,侧重于创新的过程。总之,这个阶段学者们普遍认为:创新过程始于创新者提出特定产品轮廓的构想并为此开始探索工作时,结束于质量和成本都能被市场接受的新产品投放或交互使用的时候。因此,创新是除去基础创新之外的直接面向产品的应用性研究和实践过程。

20世纪80年代以来,学者们对技术创新概念的界定更为宽泛。经合组织认为,技术创新包括新产品和新工艺,以及原有产品和工艺显著的技术变化。如果在市场上实现了创新(产品创新),或在生产工艺中应用了创新(工艺创新),那么创新就完成了。而这两种创新实践的完成,涉及从生产领域活动到消费领域活动的方方面面。因此,创新包括了科学、技术、组织、金融和商业的一系列活动。弗里曼认为,技术创新指的是新产品、新过程、新系统和新服务的首次商业化转化。80年代中期,穆尔塞对以往有关技术创新的表述和观点进行了非常细致的整理和分析[1],并提出自己的观点:"技术创新是以其构想新颖性和成功实现为特征的有意义的非连续性事件。"[2] 这个定义比起以往学者的观点来说,最大的不同就是将技术创新新颖性和非连续性的特征明确地提出来,但本书以为,就技术创新涉及的范围来看,还是没能突破以往的观点。

(二)国内学者对技术创新概念的界定

傅家骥教授是我国技术创新经济学科的带头人,20世纪80年代中期开始将国外技术创新理论引入我国,并结合国情进行了系统的研究。他认为:"技术创新是企业家抓住市场的潜在盈利机会,以获得商业利益为目标,重新组织生产条件和要素,建立起效能更强、效率更高和费用更低的生产经营系统,从而推出新的产品、新的生产(工艺)方法、开辟新的市场、获取新的原材料或半成品供给来源或建立企业的新的组织,它是包

---

[1] 穆尔塞通过对300多篇有关技术创新论文的研究后认为,在技术创新概念的界定上,75%都相类似,其含义为:当一种新思想和非连续的技术活动,经过一段时间后发展到实际和成功应用的程序,就是技术创新。

[2] Mueser R, "Identifying Technical Innovations" *IEEE Trans. on Eng. Management*, Vol. 11, 1985.

括科技、组织、商业和金融等一系列活动的综合过程。"由于所涉及的创新环节的多少不同,他还认为技术创新可以有狭义和广义之分。狭义的技术创新是指从研究开发到实现市场价值的过程;而广义的技术创新则是从技术发明到扩散的过程。① 这个定义不仅突出了技术创新的商业本质和新颖特征,也集中反映了其所涉及的创新内容、形式和参与创新的各类组织。应该说,这是一个关于技术创新较为综合的诠释。

此外,许庆瑞认为,技术创新泛指一种新思想的形成、得到利用并生产出满足市场用户需要的产品的整个过程。它不仅包括一项技术的创新,而且包括成果推广、扩散和应用的过程。② 远德玉等则认为,技术创新是在技术原理基本不变的情况下技术形态的各种转化过程。通过对中日技术创新的比较,可以看出:"企业技术创新是把科技成果由潜在的、知识形态的生产力转换成直接的、现实生产力的过程,是实现科技成果产业化,使科技成果并入生产过程,带来直接经济效益和社会效益的过程。"③ 陈其荣从哲学的角度把技术创新看作创新主体(具有相关知识、技能并从事创新认识和实践活动的个体和组织)在创新环境条件下,通过一定的中介而使创新客体(创新主体实践活动的领域,并与创新主体有着相互联系和作用的客观对象)转换形态、实现市场价值的一种实践活动。④ 冯鹏志从社会学的角度指出,技术创新是由作为创新主体的企业所启动和实践的,以成功的市场开拓和提高市场竞争力为目标导向,以新技术设想的引入为起点,经过创新决策的研究与开发、技术转换和技术扩散等环节,从而在高层次上实现技术和各种生产要素的重新组合及其社会化和社会整合,并最终达到改变创新主体的经济地位和社会地位的目的的社会行动或行动系统。⑤ 从上述观点可以看出,随着技术创新研究的深入和动态观的引入,其概念范围的界定表现出由窄及宽的历程。此外,对技术创新的关注也从创新知识的存量向创新实现的环境机制和

---

① 参见傅家骥主编《技术创新学》,清华大学出版社1998年版,第13—16页。
② 参见许庆瑞主编《研究、发展与技术创新管理》,高等教育出版社2000年版,第42页。
③ 远德玉等:《中日企业技术创新比较》,东北大学出版社1994年版,第37—38页。
④ 参见陈其荣《技术创新的哲学视野》,《复旦学报》(社会科学版)2000年第1期。
⑤ 参见冯鹏志《技术创新社会行动系统论》,中国言实出版社2000年版,第49—50页。

能力转变。

二 简要评述

尽管这些经典的理论观点和多样化的表述丰富了我们对技术创新的认识，但学者们表述观点的角度却存在很大的差异。概括来说，主要是由以下三方面的主、客观因素造成的：一是由于技术创新作为一种重要的人类活动，其基本范畴中包含了各种要素和关系，因此，技术创新活动多元化的特征，自然地让学者们考察的角度也呈现多元化。二是因为学者们所涉及的学科背景和领域有较大的差异，所以，往往会用不同的方式对技术创新进行相应的研究和解释。三是由于技术创新活动是随着人类社会、经济、文化等的发展而不断变化的，因而，对其内涵的理解当然也就有了多维视角。列宁曾指出："对概念的分析、研究，运用概念的艺术（恩格斯），始终要求研究概念的运动、它们的联系、它们的相互转化。"[①] 所以，在此就学者们对技术创新研究角度进行必要的归纳和总结，目的在于客观地、历史地、博采众长地理解技术创新，明确本书自身的研究视角，更好地发掘和把握技术创新的本质特征。

（一）从技术性的角度来理解技术创新内涵

站在这个角度，其侧重于研究技术创新的技术发展和变化过程，这应该是对技术创新最为狭义的认识。事实上，上述学者的观点中都带有这种认识，并将新技术的出现或发明、改进等作为技术创新非常重要的基础环节或程序，即认为技术创新就是某种新技术的出现，是在技术原理基本保持的情况下，一种科学和技术形态创造性的转化过程，主要涉及新的劳动技能、工艺、经验和知识等方面的内容，其创新主体是科学家、科技人员、生产者等。"任何技术创新都具有一定程度的新颖性或独创性，既是科学技术原理的物化，同时也是科技工作者和创新者创造性思维、创造性设想的结晶或企业家创新精神的凝聚。"[②]

[①] 《列宁全集》第38卷，中央马列编译局译，人民出版社1959年版，第277页。
[②] 远德玉等：《中日企业技术创新比较》，东北大学出版社1994年版，第40页。

(二) 从哲理性的角度来理解技术创新内涵

从这一角度切入,着重讨论的是技术创新的运动规律及其所包含的唯物辩证的特征。与技术创新的技术研究视角的具体化不同,哲学的视角就是站在认识论和方法论的高度对技术创新进行一般化和抽象,反映技术创新必然性和偶然性、可能性和现实性,以及形式和内容相统一的唯物辩证的特征,从而使其概念上升为更普遍、更高级的形式。① 因此,李兆友认为:"技术创新是主体参与的特殊的社会实践活动过程;是创新主体的创新认知与创新实践相互作用的动态过程;是创新主体的对象化活动过程。"②

(三) 从经济性的角度来理解技术创新的内涵

经济性的角度更侧重于分析技术创新与企业成长的关系及结果,以及技术创新各阶段的组织管理及效果。熊彼特提出的技术创新就是建立一种新的生产函数,其高度概括了技术创新的经济性特征。以至于后来的经济学家大都基于技术创新这样的内涵对其外延进行衍生和扩展。以下这两种情形会导致新的生产函数的建立:一是通过自主创新、引进或模仿等方式,企业技术条件和水平发生了改变;二是企业家发现了潜在的商业机会,通过管理,将新技术、新手段、新材料、新市场等引入企业的生产经营中,并根据创新目标的要求,不断对企业的各种生产要素和条件进行新的组合。而只要这两种生产函数中的一种或者两种得以建立,往往会引起成本、价格和利润的变化,由此带来企业经济效益相应的改变。所以,技术创新和管理创新的程度越高,其经济性就越突出。

(四) 从社会性的角度来理解技术创新的内涵

总体而言,其侧重于探讨技术创新的社会化过程,即技术创新实现的环境和机制的构建。技术创新不仅包含了人与物的关系,更反映了人与人的相互关系,其社会性的认识可以说是对其经济性理解的一种发展,充分体现了技术创新历史的、过程的、协作的和不确定的特征。人类发展史从

---

① 参见欧阳建平等《技术创新定义综述及定义方法》,《中南工业大学学报》(社会科学版) 2001 年第 7 卷第 4 期。

② 李兆友:《技术创新主体论》,东北大学出版社 2001 年版,第 52—61 页。

根本上说就是一部在一定的历史条件下将技术发明和创造转变成生产力的历史；更是一部知识传播、文化更新和价值观转换的历史。这样的转变，我们可以从石器时代到工业革命，乃至现今的网络技术、生物技术等革命中找到证据。而具体到企业技术创新，那不仅是将新的技术设想推向市场化的动态过程——包括新的技术设想的培育、新技术与市场的结合及其系统化的转化过程等所涉及的诸多环节和步骤，也是信息传播、知识共享、企业文化嬗变的过程。除此而外，技术创新"破坏性"创造的特点使整个过程包含诸多的不可预见性，是一种充满风险性的活动。既然技术创新如此复杂，显然，仅靠单一主体或某些要素是难以完成的。上述这些都充分说明，当下的技术创新已不再是企业能孤立完成的活动，它越来越成为一种社会建构性的行为和过程，技术创新完整的实现应是社会化协作和整合的结果。所以，我们有必要置身于社会系统中来考察和推进企业的技术创新活动。

第三节 企业技术创新的本质：制度视角的理解

以上学者们对技术创新所做的各有侧重的研究，让我们更清楚地认识到：企业技术创新不仅仅是一个技术问题，而且是各种技术创新主体之间密切关联、相互作用的过程。它是由若干市场活动和行为构成的，涉及不同主体的创新行为、合作行为和互动行为，涉及企业技术创新实现的内外部环境。然而本书认为，技术创新中所包含的这些复杂的成分，无论用技术的或经济的，还是哲理的或社会的方式去理解都显得解释力不足。为此，本研究对于技术创新的理解将力求用另外一种思维角度，立足于制度视角研究企业技术创新的问题。

一 基于制度视角的企业技术创新的内涵

康芒斯在其制度经济学的分析中，将"交易"作为基本的分析单位，但是，他所指的"交易"与传统经济学中所指的"交易"的内涵，即商品实际转移，有一定的差别。他所提出的这种广义上的"交易"，反映的不单纯是具体物品或劳务的转移或转让，更强调人与人之间的关系，是发生在人们之间对物品权利的让渡和取得的关系，是"合法控制权的转移"。他把交易分为三类：一是法律规定的平等的人们之间的买卖交易（如经济活动中一般的买卖活动）；二是由"命令—服从关系"形成的上下级之间的管理关系（如经理对员工的管理）；三是法律地位较高的机构直接进行财富分配形成的限额交易（如国家税务部门对个人、组织的征税或减税）。他还指出，交易中包括了"冲突、依存和秩序"[①] 这三种社会关系。在威廉姆森看来，"交易之发生，源于某种产品或服务从一种技术边界向另一种技术边界的转移，由此宣告一个行为阶段结束，另一个行为阶段开始"。[②] 这样的界定，大大地拓展了"交易"的范围，交易不再仅限于所有权的转移，组织内或组织间发生的很多活动都可以纳入交易的范畴。基于康芒斯和威廉姆森对社会经济关系的研究思路与对"交易"的界定，本书认为，企业技术创新是指企业依托新技术进行资源要素重新配置所完成的一系列交易的过程，这些交易主要体现在新技术的生成、新技术的转化和新产品的价值实现这三个重要阶段中。也就是说，企业技术创新最终能否实现关键在于这三个阶段中相关交易是否能够顺利完成。

（一）新技术生成中的交易特性

新技术的生成就是企业针对一定的应用目标和经济动机而进行的创造性研究，是对新的科学原理能否付诸实际应用进行的探索，也被称为应用性研究。这个阶段形成的成果通常不能直接用于企业的生产，很多技术的和经济的问题都有待通过新技术的转化来解决。

首先，企业要搜寻、获得创造新技术所需的相关科学原理和知识，这是新技术生成的基础。技术是企业技术创新的关键，是特定领域的某些类型知识的表现形式。与企业的有形资产不同，技术知识不会被消耗完，它的生成和转移具有不可逆性，再利用和模仿的成本非常低，对其的利用有边际收益递增的规律。事实上，技术知识被获取后便存在于人们的思维中，可以反复地再利用。知识的利用不仅不会将其消耗掉，反而会让它在

---

① ［美］康芒斯：《制度经济学》上册，于树生译，商务印书馆1962年版，第70—85页。
② ［美］奥利弗·E. 威廉姆森：《资本主义经济制度》，段毅才等译，商务印书馆2002年版，第8页。

吸纳其他知识的过程中得以保持、提高和积累。相反，如果知识不被利用则会老化、陈旧。如果要保持和维护，就需要进行相应的投入。这说明，技术知识不是一种静态的存在物，而是动态的可以流动的知识网络，具有自身内在的扩展机制和成长逻辑。其次，是通过对所获得的知识进行新的综合和组合，构建出实现特定应用目的的新的技术原理、结构或模型，并通过创造性的思维，提出新的设想和新的发明。

在这个阶段，研发是最为重要的环节。无论是对个人还是组织来说，都是要花费大量时间和精力的，而新技术生成所需要的投入是不可逆的。所以，技术的生成比技术的改进或技术的复制、模仿要复杂得多，经常要面对非常大的不确定性。这也说明了知识获取的成本高，技术的生成需要很大的初始投入。

就企业而言，这一阶段活动的完成，必然要涉及研发的组织和管理，离不开企业家对创新机会的识别和对研发人员创新主动性及积极性的调动。而就新技术的生成路径来看，既可以通过内部研发组织（如自主创新）的方式实现，也可以采取外部研发合作（如共建研究实验室、引进、购买技术等）方式达到。不过，无论采取何种方式，整个阶段的有序推进都是需要支付相应成本的。

（二）新技术转化中的交易特性

新技术的转化就是企业为了满足相关需求，从在一定技术和经济约束条件下将新的技术设想或发明转变成新工艺或新产品的过程，即创新设想或发明的再开发、再选择和物化的过程。可以说这是新技术转化为现实生产力和企业能够进行新产品规模化生产的必要前提和条件。

首先，在一定范围内开展集体学习和劳动，即组织各类专门技术人员对各种技术的和工艺的问题进行综合研究，形成从技术到经济的可行性报告及相关的装置原理、设计图纸和其他技术文件、规则、技巧等。其次，将设计实体化，即试验和试制相应的样品、样机或中试产品，制定行为规范，提出符合正式生产要求的工艺和相关的工艺文件和规则等。最后，变革原有的生产制造技术，甚至构建新的生产制造体系，推进规模化制造的进程。

在这个阶段，最关键的环节是对新技术知识的编码和促进其在企业内部的转移，以及对生产技术的创新。一般来说，技术知识只有被不断利用和转移，才可能产生收益递增的效果。也就是说，保持技术知识的流动性是技术创新的重要内容。而促进技术知识在企业组织和个人两个层面进行快速传递与积累的方法就是编码。技术创新涉及的技术知识越是复杂，编码所花费的精力和时间就越多，过程就越长，成本也就越高。当然，对于企业技术创新来说，编码是一柄双刃剑，它在使新技术明确化、让许多隐性知识显性化的同时，也使企业要承担把知识完全公开或知识被无意扩散，以及技术知识在企业各层面开发利用中产生个体利益冲突的风险。此外，应特别重视生产技术创新在新产品批量生产中的作用。因为它是围绕新产品的生产制造展开的，不仅要提高劳动生产率，还要保证产品质量，进而降低生产制造成本，获得良好的市场效应。

如此看来，如果企业技术创新中的新技术要得以转化，一是需要开发设计人员改变纯学术探讨的价值观，把市场需求与国家产业政策作为开发设计活动的约束条件，并使之与技术上的先进性融合在一起。[①] 这一点可以从蒸汽机的创新史中找到答案。据《技术史》记载，1680年惠更斯发明了利用火药爆炸从大气压中获得压力的火药蒸汽机；1712年纽科门发明了利用空气冷凝从大气压中获得压力的纽科门蒸汽机；1769年瓦特发明了采用分离冷凝器促使蒸汽压力代替大气压力迫使活塞运动的瓦特蒸汽机。[②] 上述有关蒸汽机的发明进程表明，蒸汽机的技术原理——热能转化为机械能，具有较好的稳定性。而不同类型蒸汽机的发明及其运转规则，都是为了提高蒸汽机的工作效率。最终，经过长期的探索和尝试发现，瓦特发明的蒸汽机性能稳定、可靠，其技术规则的有效程度较高。由此可见，蒸汽机技术创新过程中的技术知识是在试错过程中不断选择、积累和完善的。二是要有赖于企业各种资源的整合、技术知识的共享与交流和协调机制的构建。比如，在日本的汽车、家电、照相机等批量生产的机械制造企业，产品开发一旦进入设计阶段，有关设计规格、

[①] 参见廖才茂主编《现代企业生产力概论》，上海财经大学出版社1997年版，第68页。
[②] ［英］辛格等主编《技术史》第Ⅳ卷，辛元欧等译，上海科技教育出版社2004年版，第115—135页。

图纸、生产方面的修改、零部件筹集和加工的容易性等，都要开发设计、生产及其他相关部门的人员共同参与研讨和确认。如此一来，在新产品的开发过程中，哪怕是生产、质量等有关部门一个极小的意见，都会被反馈到新产品的开发中，从而使产品的设计更具针对性，也更具制造性。① 这就是日本产品开发设计中的协同机制。由于开发设计与生产制造人员间的协同，日本汽车厂商从开始生产到开始销售的平均时间为 1 个月，美国为 4 个月，欧洲为 2 个月。而日本创新项目达到正常生产能力和质量水平平均需要 4 个月，美国为 11 个月，欧洲为 12 个月。② 三是要突出生产技术工人的创新主体地位。"只有结合工人的经验，才能发现并指出，在什么地方节约和怎样节约，怎样用最简便的方法来应用各种已有的发现，在理论的应用即把它用于生产的过程的时候，需要克服哪些实际障碍，等等。"③

（三）新产品价值实现中的交易特性

新产品的价值能否实现，是最终检验企业技术创新是否成功的重要标准。如果说，新技术的生成和转化阶段反映的是新技术所具有的实践目的性，那么，其在此阶段所体现出的则是商品的属性，即具有价值和使用价值。新技术的价值是指凝结在通过新技术转化而成的商品中所包含的活劳动和物化劳动。而新技术的使用价值则指给社会、企业和人们的经济、生产和生活等带来的实际效用。因此，新产品的价值实现指的就是新产品通过市场转化达到价值和使用价值共同实现的过程。

首先，收集获取市场需求信息和顾客的相关信息，为研发决策、生产决策、营销决策等提供依据和支持，使产品的研发、转化和市场投放能协调进行。其次，建立具有战略性的销售、流通和服务体系，为赢得并留住顾客提供坚实的保障。最后，就是要激发和培养员工的顾客意识和专业素

---

① ［日］森谷正规：《日美欧技术开发之战》，吴永顺等译，科学技术文献出版社 1984 年版，第 38—39 页。

② Klark K. B, et al, "Product Development in the World Auto Industry" *Brookings Papers on Economic Activity*, Vol. 3, 1987.

③ ［德］卡尔·马克思：《资本论》第 3 卷，中央马列编译局译，人民出版社 1975 年版，第 120 页。

养，运用内部营销、动态营销和关系营销等理念，形成良好的营销氛围和文化。

在这个阶段，应主要关注的是创新主体（即营销人员或市场创新人员）综合能力的培养和市场协作体系的构建。由于创新产品只有进入并持续占领市场，甚至不断扩大市场，企业的技术创新才能得以实现，企业也才能从创新中获得相应的收益。所以，营销人员所从事的同样是一项极富创造性的实践活动。这不仅要求创新主体具备营销知识，还应掌握一定的专业技术知识，更重要的是有非常好的沟通能力和相应的技术操作能力。在社会分工越来越专业化的今天，企业加强与外部专业中介机构和组织（如广告代理商、物流企业、代理销售公司等）的合作及协作，将有利于创新产品真正走入市场和赢得市场。

弗里曼认为，技术创新成功的标志：一是实现商业盈利，二是市场的建立与渗透效应。因此，创新产品价值的实现要通过企业主动、适时和持续不断地开拓市场、创造市场和独创性营销才能完成。毕竟能否满足顾客的需求是能否开拓市场的关键。然而，仅仅只是把眼睛盯着现有的市场，不懂得创造新的需求，也是难以实现和延伸创新产品的价值的。

北大方正集团公司的发展就是一个很好的典范。他们把计算机激光照排技术上的创新转化为一种先进的汉字排版自动系统，这一产品刺激了市场需求，实现了广泛的商业化，从而占据了国内外80%以上的中文报业市场。[①]

由上述分析可知，企业技术创新的实质是利用新技术配置出生产要素新的可能的组合，并通过内外机制的共同作用，最终使可能的组合转变成现实的经济效益和社会效益。技术创新的三个阶段是相互联系、循环往复的过程，它是由诸多内外部"交易"构成的复杂的、螺旋式上升的创新链环。当然，企业根据内外部环境和条件，在技术创新的不同阶段可以选择不同的制度，一是可采取完全市场化的办法（如专利的获得、技术的

---

① 《自主创新 方正人的不懈追求》（http://www.china.com.cn/economic/zhuanti/ky/txt/2006-03/03/content_6141513.html）。

孵化等），可以通过技术转让或上市的方式实现；二是可以借助专业化的基础研究公司、中试基地（如科技园等）；三是以三阶段一体化的方式，在企业内完成，比如微软的企业研究院。由此看来，在这三个阶段的制度选择上可以是多样性的，当然，其中也就会表现出各阶段不同的制度成本，反过来，也就需要有适宜的制度安排使它们有机地结合在一起，并让相应的成本最低。否则，就会导致企业技术创新链环的断裂，而其中任何一环的断裂或一项"交易"的失败，企业的技术创新投入都将化为乌有，更谈不上能从创新中获得收益。

二 企业技术创新的本质特征

任何事物都是有其内在特征的，尽管其外在表现及学者对其的表述各不相同。与一般的交易行为不同，企业的技术创新也有自身的一些本质特征，其主要具有不确定性、高投入性、外部性、累积性、替代性、配置性等特征。

（一）企业技术创新的不确定性

不确定性是一种超出人们当前认识范围的难以测定的风险，也就是说，人们无法确定事件发生的可能性大小和结果的情况。技术创新是对新的、未知的领域进行探索的过程，它要对技术知识—新技术—创新产品转化的可行性和创新产品的市场机会进行不断地摸索、尝试和检验。罗森堡认为，技术创新的全过程都充满了不确定性。这说明技术创新各阶段和环节都蕴含着不确定的因素，使技术创新呈现出高风险性。这些不确定性可能来源于企业内部，如创新构想和概念设计不够成熟，创新决策不当，创新资源或能力不足，创新成本过高，内部制度安排不合理，缺乏良好的组织和协作；等等。也可能来源于外部，如出现了更优的创意和新技术，竞争对手推出创新产品的时机更好，市场上出现了竞争力更强的新产品，消费者观念和认知的变化，外部制度设计有缺陷；等等。实践表明，技术创新成功的概率通常比失败的概率低。即使是在发达国家，技术创新完成全过程的比例也非常低。以研发项目为例，国外学者曾进行过相关调查，在被调查的 91 项研发项目中，获得成功的约占 30%，共 29 项；失败的约占 70%，共 62 项，其中，技术性失败的为 15 项，非技术性失败的为 47 项。① 所以，尽管人们可以通过主动积极的搜寻及判断、过往的经验和周密的计划来减少技术创新中的风险，但却永远也不可能完全根除不确定性。②

（二）企业技术创新的高投入性

企业技术创新需要高投入是一个不争的事实，而且有不断增强的趋势。一方面，各阶段对资金的需求量或所要承担的创新成本有很大的不同。据统计，技术创新从新技术生成到新技术产品的价值实现所需的投入在不断增加，一般来说，如果将研发的资金需求设为 1 的话，新技术转化所需的资金为 10，而创新产品市场化的所需为 100。由此可见，技术创新的投入不仅多，而且从某种程度上说是刚性的。另一方面，由于技术及相关知识广度和深度的不断发展，加之各类企业对技术创新重视程度的增加，使企业间围绕技术创新所展开的竞争也日益加剧，从而形成创新投入越来越大的态势。这里所说的企业技术创新的高投入既包括显性投入，也包括隐性投入。

（三）企业技术创新的外部性

自马歇尔在其《经济学原理》中提出"生产的扩大依赖于产业的普遍发展"这种外部性的概念后，其学生庇古从福利经济学的视角出发，提出边际私人净产值和边际社会净产值的概念。他把在经济活动中，当企业的边际私人成本小于边际社会成本时的情形称为外部不经济。③ 其后，很多经济学家对外部性也给出了不同的定义，但我们认为其本质内涵是一致的，即某一经济主体的行为对另一经济行为主体所产生的外部影响，而这种影响通常不能通过市场价格交易来实现。

企业的技术创新行为之所以存在外部性，一方面是由技术创新所具有的知识创造特点决定的。纳尔逊认为："私人研发产生了私有知识，但这

---

① 参见刘振武等《企业技术创新与管理》，石油工业出版社 2004 年版，第 42—43 页。
② 参见［美］内森·罗森堡等《西方致富之路——工业化国家的经济演变之路》，刘赛力等译，生活·读书·新知三联书店 1989 年版，第 30 页。
③ 参见［英］A. C. Pigou《福利经济学》，陆民仁译，台湾银行经济研究室编，中华书局 1971 年版，第 113—120 页。

种知识不会停留在私有状态上,它将泄露出来变为公有。"① 在创新过程中,无论企业提出的是新的设计理念、新产品、新工艺,还是一套组织管理方法,实际上都是在创造新的知识。对于创新知识中的显性知识来说,它具有公共产品的性质,非竞争性、非排他性和知识转移利用的低成本是其最主要的特点。非竞争性和非排他性的公共品——知识常常可被多个主体同时使用或消费,知识的拥有者一般也不可能防止和排除其他主体的使用,而且它在供给某一主体时并不减少对其他主体的供给。在完全开放的环境里,对于创新知识中的隐性知识或专门知识,它也不可能永远处于隐蔽的状态,只要创新者实现其创新收益,创新知识将会随创新产品的交易进入相应的流通和交流系统,从而使其公共化。另一方面是由技术创新的市场化过程导致的。毫无疑问,技术创新市场开拓要顺利进行,必定要收集相关的市场需求、状况、发展态势等信息,并且为挖掘客户相应地要进行市场培育等。对创新企业来说,这些都是需要投入的。然而,正是它们的这些行为,让竞争对手从中得到了各种经验和教训,并有意识地进行自我调整和改进,在学习曲线的影响下,保持技术领先,甚至超过创新企业。

企业技术创新外部性往往会带来两种结果:一方面,其在一定程度上促进了社会的技术进步,有利于社会利益的增加。从社会资源优化配置的角度看,由于私有的创新技术最终走向了市场,短期内一般会减少大量重复的技术探索和试验,并降低后续使用者的研究、应用费用,从而带来公共福利的普遍增加。另一方面,它也会造成负面的社会效应,产生"搭便车"的行为。企业技术创新"公共性"的特征通常会使一部分行为主体不愿为创新承担高昂的风险和成本,总是等着免费或低成本地享有其他行为主体的创新成果。虽然这两种结果看似矛盾,实则表明,如果没有适宜的、持久的机制保障创新主体的创新积极性,从长期来看,这不仅会使创新主体的创新动力严重削弱,造成创新产品的供给不足,而且还会导致社会整体创新能力的降低。

---

① [美] R.R. 纳尔逊:《美国支持技术进步的制度》,载 G. 多西等《技术进步与经济理论》,钟学义等译,经济科学出版社 1992 年版,第 387 页。

(四) 企业技术创新的累积性

企业技术创新的累积性主要表现在两个方面：一是任何新的发现和创造总是在原有成果的基础上不断推进的，有"长江后浪推前浪"的效果；二是企业创新能力的形成是技术创新动态、协同过程中创新成果积累、转化的结果。这是创新累积性所呈现出的积极的一面，它可以提升企业在特定领域中的竞争优势。然而，这种累积效应又会带来技术创新的路径依赖现象，也就是说，技术创新会受特定技术范式的引导。① 特定企业的技术创新通常是在其熟悉或有优势的领域中展开或搜索，有可能选择与原来大致相同的路径，总是会沿着特定方向或某种轨迹扩展。所以，这又会降低企业在技术范式变化后的组织管理灵活性，增加转换的成本，使企业步入技术创新锁定的困境。②

(五) 企业技术创新的替代性

仅从纯技术变化的角度看，作为一种革命性的活动，技术创新主要表现为新知识对旧知识的超越，或者是新、老技术的更迭，抑或是新旧技术范式——在解决具有工程或技术联系的一些问题时所产生的各解决方案中内涵的共同模式——的转变，等等。所有的这些变化都会使劳动生产率得到极大提高，企业将由于技术领先而获得一定的垄断优势。但是，随着新技术的扩散及大量模仿者的进入，这样的垄断优势将呈递减的趋势。由此可见，技术创新中的这种绝对替代——无论企业采用的是自主创新、引进，还是其他方式——是显在的和短期的，替代作用一旦发挥，其结果往往又是不可逆的。所以，可以将替代性分为完全替代和部分替代。完全替代表示新技术对老技术不仅能够替代，而且替代可以使技术创新持续完成；而部分替代则说明新技术承载着不能替代性，表示技术创新的某个环节存在不能替代而使创新不能持续的情形。

(六) 企业技术创新的配置性

在新古典经济理论中，企业的生产过程被定义为生产函数，即

---

① 参见 [美] R. R. 纳尔逊《美国支持技术进步的制度》，载 G. 多西等《技术进步与经济理论》，钟义信等译，经济科学出版社 1992 年版，第 387 页。

② Arthur W. B, "Competing technologies, increasing returns, and lock – in by historical events" *Economic Journal*, Vol. 99, 1989.

$$Y = f(x_1, x_2, x_3, \ldots, x_n) \qquad (3.1)$$

式中，Y 代表企业最终的产品产出；$x_1, x_2, x_3, \ldots, x_n$ 代表所投入的各种生产要素的数量。

马歇尔认为，生产要素主要包括土地、劳动、资本和组织等。[①] 在运用生产函数进行生产分析时，新古典外生经济增长理论把技术假设为生产的一个既定条件，而新古典内生经济增长理论则把技术因素和资本、劳动等生产要素一起纳入生产函数中。本研究认为，无论新古典经济理论的观点如何变化，它们只反映出技术是一种生产要素的事实，而对生产函数中技术含义的认识是静态的、不够全面的。实际上，在现代企业的生产过程中，技术不仅仅是一种生产要素，它还具有配置其他生产要素的特点，技术常常决定了土地、劳动、资本等生产要素组合的比例、速度和效率。即由于技术这种生产要素变化所带来的企业生产要素组合方式的改变，往往会打破现有的利益均衡状态，提出相关经济制度和环境完善的要求。这说明，一旦企业决定运用一种新的技术进行相应的创新活动，技术的替代作用将首先得以发挥，进而将带来创新过程中一系列交易行为的改变，包括整个生产、经营、管理系统的重新配置和员工心理状态和努力程度的改变等。也就是说，企业技术创新中除了表现出新技术绝对替代的特性外，还会将其内在的社会特性，通过要素整合或配置的改变表现出来，形成与企业技术创新中制度安排和完善紧密相连的关系。技术的配置作用与其替代作用不同，往往是潜在的、渐进的和长期的。

总之，科学认识技术创新的特征，是把握和揭示其本质的重要基础。企业的技术创新需要各种创新要素的协同参与，需要创新主体从个人到组织都富有创造性，使企业在一条充满风险的创造性道路上实现创新价值，不断推动自身和社会经济的发展。这就是说要找到新技术的价值实现途径，找到某种技术与经济、管理融为一体的具体方式，这种有机的结合方式的新构建及其可能性的实现，就是技术创新这种特殊的创造性活动的实质内容。[②]

---

① 参见 [英] 马歇尔《经济学原理》上卷，朱志泰译，商务印书馆1964年版，第157页。
② 参见吴永忠《技术创新的信息过程论》，东北大学出版社2002年版，第52页。

第四章　企业技术创新中制度安排的经济学分析

新制度经济学对主流经济学研究对象的创新就是引入了制度,将其作为除禀赋、技术和偏好三大研究对象外的第四大经济学研究对象,并强调了制度对有关经济行为分析的影响和重要作用。将这种理念和分析方法运用到企业技术创新领域,使我们可以更深入地理解企业技术创新的内涵,探究相应的创新成本及其影响,找出激励和制约企业技术创新行为选择的相关制度因素,为完善其内外制度供给提出积极的建议。

如前所述,技术创新是现代企业生存和发展中面对的最为紧迫的问题,它正不断地改变着企业的行为方式和企业的经营管理。然而,企业技术创新是一个破与立的矛盾统一体,它是一个优胜劣汰的过程,每一次技术创新活动的开展和推进总是需要投入,总会受其交易成本的影响,过高的投入和代价往往会使技术创新成为一项不经济的活动。一般而言,只有在具备降低交易成本的条件下,企业才会采取相应的创新决策和行动。其交易成本的多少,不仅取决于其交易技术的情况,还与其制度安排有密切的关系。所以,技术创新成本是企业技术创新能否持续的基本问题。本部分将在分析企业技术创新交易成本的内涵和构成的基础上,对技术创新成本与制度安排之间的关系进行探讨,并据此形成本研究的理论框架。

第一节 企业技术创新成本分析

一 企业技术创新成本的内涵

在经济学领域中,成本属于微观经济的范畴,与基本的生产组织有着紧密的联系。综合有关成本的概念和内涵后本书认为,成本指的是人们为了达到"过程增值和结果有效"而付出的代价,其本质是"资源的价值牺牲"。[①] 从成本的这种内涵入手,我们将从广义和狭义两方面概括企业技术创新的成本。企业进行技术创新活动所必须付出的所有现实和潜在代价被称为广义的企业技术创新成本。而仅仅是企业开展技术创新活动所要支付的潜在代价则称为狭义的企业技术创新成本。

在前述分析中我们指出,企业技术创新的本质是企业采用新技术所产生的一系列交易,而且这些交易也将在新技术的生成、新技术的转化和新产品的价值实现这三个阶段中体现出来。类似的,OECD对技术创新费用的划分也主要从创新活动出发,分为内部研发费用,外部研发费用,获取无形技术的费用,工具准备、工业工程和投入制造的费用,新产品的销售费用等五类。[②] 因此,为了更好地理解企业技术创新成本的内涵,本书将分别对企业技术创新成本进行相应的分析。

（一）新技术生成阶段的成本

对于新技术的生成,如果企业采取的是内部创新的方式,那么主要获取的就是有利于提出适宜创新思路的新知识和原理,进而对这些有价值的知识进行综合利用和开发,以此来确定能否构建出新的技术原理、能否提出相应的新创意及发明以及是否还要开展进一步的研发活动等;如果企业采取的是外部取得的方式,那么就需要通过多种渠道去寻找市场上该领域

---

① 中国成本协会（CCA）的定义：成本是为过程增值和结果有效已付出或应付出的资源代价。美国会计（AAA）学会的定义：成本是为了达到特定目的而发生或未发生的价值牺牲,它可用货币单位加以计量。其他的定义：一成本是为达到一种目的而放弃另一种目的所牺牲的经济价值,即所谓的机会成本。二经济学意义上的成本指的是为获取某种经济利益而付出的代价。

② 参见严基河《现代企业研究开发与技术创新》,经济管理出版社1997年版,第79页。

处于领先地位的相关技术,并从中挖掘最有价值的信息,以此来确定交易的方式(如采取直接购买、合作利用或其他方式)、价格、交易谈判、合同的签订及履行的处理等。然而无论新技术是产生于企业内部还是产生于企业外部,企业都需要搜索新知识或信息,只是收集的具体内容和方向有一定的不同,行为的方式有差异,但由此投入的全部人力、物力、资金,以及其他耗费、机会损失、风险分担等便是企业内部创新或外部创新的成本。

(二) 新技术转化阶段的成本

这个阶段主要是围绕自主创新或外购新技术,开展立足于企业内部的组织化交互学习及协同化中间试验,这是一个不断试错的活动过程。通过此过程可以使企业明确:一是此次技术创新中的替代差距(包括时间和市场差距等)及原有资产(包括有形资产和无形资产、物质资产和人力资产)专用程度的高低,以及工艺和产品设计上的生产可行性,进而确定新技术在企业内扩散的范围,以及此范围内相关部门、人员的权利、义务和其他约定;二是对新技术进行再开发和设计实践中学习方式的安排,相互配合的组织与管理;三是中试的规模、场地的建设,以及样品的种类、规格和数量;四是核心技术、生产工艺、产品设计等专利方面的保护等。由此发生的所有中试费用、与原有技术有关的有形或物质资产提前报废损失及人力资本知识更新及能力提升的支出、企业产品的替代损失、原有技术体系的失效、新技术扩散中的风险、专利保护支出等都是企业新技术转化过程中的成本。

(三) 新产品价值实现阶段的成本

这个阶段的成本因新产品的售前、售中和售后三个不同环节而有所差别。在新产品销售之前,企业应搜索客户的相关信息,甚至在中试后期和产品设计原型完成后,组织创新、设计、生产和营销人员与可能成为未来交易对象的部分客户进行沟通,在了解他们的需求和建议的基础上,各部门人员相互配合,设计和制造出更加适销对路的新产品。同时,企业为在一定时期内保持产品的优势和超额利润,需要进行品牌、商标等的注册。而为了使新产品能顺利进入和占领市场,企业要通过广告宣传等来提升新产品的知名度,追踪广告效果的反馈信息和客户的行为方式及偏好,进而适时调整生产或营销策略。经过与客户的谈判和磋商后，将双方在新产品交易中的权责、所交易产品的价格、种类、数量、交货时间及地点、交易及运输方式、违约、索赔和售后等合同条款做出全面的规定。上述销售环节的完成并不代表交易的结束，企业还要根据合同处理后续事宜，即将准备好的产品、货物交给物流公司包装、起运，跟踪物品的配送情况，收付款及结算，等等。同时，企业还应解决客户在使用产品或接受服务中出现的各种问题。此外，为了提升今后交易的成功率，不断开拓市场，企业还必须加大投入，完善客服平台和机制，提高客服的便利性，做好客户关系管理等。企业为以上三个环节活动开展所支付的信息调研和收集费用、内部激励契约和外部交易合同的签订及履行所发生的费用、提供商品或服务及解决售后问题发生的支出、新销售网络建设的支出及旧销售渠道停用的损失、部分业务外包的费用、企业维持技术和产品新颖性的支出、竞争对手模仿的风险等，就构成了企业在新产品价值实现阶段的成本。

二 对企业技术创新成本构成的分析

实际上，企业技术创新成本可能会因企业的不同、企业所处行业的不同、企业成长阶段的不同而有所差异，当然，分析角度的不同也可能带来一定的差别。尽管如此，根据前述对企业技术创新成本的广义界定，本书认为企业技术创新的成本主要由替代成本和配置成本两个方面构成。

（一）企业技术创新的替代成本

企业技术创新的替代成本是企业为实现技术创新而付出的现实代价，这是由新技术对老技术的替代而形成的直接成本，包括人、财、物等实际支出，它主要由沉没成本、转让成本、有形转换成本等构成。这是在取得、使用和转移新技术过程中的费用支出，是一种显性代价。由于其内容较为具体，一般可以以市场价格为基础进行较为准确的计量。

1. 沉没成本

企业技术创新中的沉没成本指的是企业获得具有商业化价值和转换潜力技术的投入，包括研发或购买新技术的成本，以及适应新技术的设备、厂房的购置成本。这项成本的基本特点是一旦发生就不能更改，有时也把它称为历史成本。如果企业采取购买的方式获得新技术，新技术的成本就是其市场价格,是由供求关系决定的。若是自主创新的话,由于技术研发的不确定性,研发既有成功的项目,也会有失败的项目,而失败项目的研发成本一般要分摊到成功项目上。如此,要想非常准确完整地记录和清楚地分离出某项技术的研发成本,是非常困难的。很多企业一般也就以总人工耗费乘以一个相关系数来进行估算,其中,系数的估计取决于新技术开发使用的年限、技术的先进程度、技术转让的可能性等。

2. 转让成本

这里所说的转让成本仅仅是指技术转让过程中产生的直接成本,包括技术转让谈判及合同签订、执行中发生的费用(如工资、差旅和管理费等);咨询和中介费用(如法律咨询或顾问费、审查和登记注册费、经纪人佣金等);卖方为买方提供技术服务的支出(如专家指导、技术培训、安装及调试费等)等,但不包括技术本身的成本。由此看来,转让成本的高低将由项目的大小、复杂的程度、谈判和转让时间的长短等因素共同决定,会随这些因素的差异而不同。

3. 有形转换成本

企业技术创新中的有形转换成本,主要指的是企业从一种技术、产品或工艺转变为另一种时所产生的损失或付出的代价,包括企业原有有形资产提前报废的损失和原有产品停工或销售停滞下降及产品自我替代损失两方面。前者是指当使用新工艺或生产新产品所需的设备、工具和厂房等与原有的生产设施有非常大的不同时,如果使用新工艺或生产新产品,则必须对原有的设备、厂房进行拆除或改造,对工具进行更新。如果拆换的这些有形资产尚在使用年限内,但却不能转为他用,那么就将被报废,从而给企业造成相应的损失。而后者指的是从原有产品生产或原有工艺流程转为新产品生产或新工艺流程,意味着企业不得不将现有产品生产的有限资源转换到新产品的开发和生产上,从而带来现有产品的停滞或下降。如果新产品的生产或新工艺的使用最终未达到预计目标,这必将会给企业造成巨大的损失。此外,当企业推出的创新产品是原品的替代品时,就会形成企业产品的自我替代情形,这同样会给企业带来相应的损失。

(二)企业技术创新的配置成本

企业技术创新的配置成本是企业在技术创新过程中所付出的潜在代

价，是企业技术创新内外环境适应新老技术替代而产生的间接成本，我们也将其称为狭义的技术创新成本。虽然与上述替代成本实实在在发生的费用支出不同，这类成本绝大部分是隐性的，一般无法准确计量，但它们对企业技术创新的成败起着极其重要的作用，是企业在技术创新中必须考虑的因素。它主要由机会成本、风险成本、信息成本和无形转换成本等构成。

1. 机会成本

在创新资源有限的条件下，一种资源被用于某种用途而不能用于其他用途的价值比较就是技术创新的机会成本。为了在技术创新决策中选出一种可以获得最大收益的方案，企业通常都会运用机会成本对一定资源的不同用途或由它们组合形成的决策方案所能实现的经济收益进行比较。萨缪尔森曾指出，决策存在机会成本，因为在一个稀缺的世界中，选择一个东西意味着需要放弃其他的一些东西。即机会成本指的是错过了的物品或劳务的价值。[①] 对企业来说，机会成本永远都会存在，但最小机会成本或最大比较收益始终是企业进行决策时需要考虑的重要因素。企业技术创新决策的机会成本主要包括技术创新活动、投资、方案选择等机会成本。

2. 风险成本

由于技术创新过程中存在信息不对称的情况，通常会带来企业内外部交易中的变动程度增加而导致的额外交易成本，这就是技术创新中的风险成本。它包括风险损失的实际成本及无形成本、预防及控制风险损失的成本等。比如技术购买中可能会存在市场风险、技术风险等。市场风险往往是因市场相关因素及其变化的不确定性而导致企业在使用、转化技术后未达到预期的市场目标，甚至失败和利益受损的可能性。这些因素包括市场对技术产品的接受能力和接受时间；在市场需求不变的情况下，竞争者的数量和替代技术出现的可能性。而技术风险是企业在技术消化吸收过程中由技术成熟度或生命周期变化的不确定性所导致的技术引进失败的可能性。当然，为了预防和控制相应的风险，企业还需要为购置相关预防和减

---

① 参见［美］保罗·萨缪尔森等《经济学》，萧琛等译，人民邮电出版社2011年第18版，第13页。

损设备及建立必要的预警机制等付出代价。

3. 信息成本

信息成本是企业在实现技术创新目标的过程中，为搜索、加工和传递相关信息而支付的代价。及时有效的信息将有利于企业把握市场机会、获得必要的外部支持、提高创新效率和降低创新风险等。在新古典经济学假设的完全信息的市场环境中，技术创新交易各方获得所需的交易信息是不需要时间和成本的，也就是说信息成本为零。但现实的市场并非如此理想，信息不对称和不完全的情况随处可见，因此，交易各方为了得到尽量多的有效信息，必然要支付相应的信息成本。与普通商品不同，信息具有知识属性，因此，它是一种典型的不可逆的投资成本，加工的成本比模仿和复制成本高，而且其高低与使用规模大小没有直接的关系。

4. 无形转换成本

这是由于技术创新所带来的企业原有技术体系、管理体系和网络支持体系的失效而产生的损失。具体而言，原有技术体系的失效往往是技术创新中需要对企业的工程技术员工的知识和技能进行更新，对原有的产品设计、生产工艺进行更新而导致的。进一步来说，产品和工艺的更新又会要求企业组织结构及相应的管理制度等做出系统的改变，从而导致原有管理体系的失效。而对于一个开放的现代组织系统，企业内部的这一系列变化，必然会导致已形成的社会配套、协作网络和生产要素供给网络、销售网络等的失效。而上述三个重要体系的失效都会给企业造成极大的损失。

综上，我们用如下方程表示广义的技术创新成本：

$$C = Cs + Ca \tag{4.1}$$

式中，C 代表广义的技术创新成本；Cs 代表替代成本，取决于企业技术创新实际支出的多少，可以用企业的会计成本来衡量；Ca 代表配置成本，取决于企业技术创新内外制度安排的情况，用制度安排效率和效果来衡量。

由式（4.1）可知，C 的高低与 Cs 和 Ca 的高低呈正相关。由于 Cs 是企业技术创新必须支付的所有现实费用，它是企业进行技术创新所投入的资本（用 K 表示）转化成的各种机器设备、原材料等中间投入品，也就是说，一旦企业开始了技术创新活动，则这类成本将是不可逆的。所以，

我们可以将 Cs 看作一项既定的成本。如此，在假定 Cs 为常量的情况下，C 的高低将取决于 Ca 的大小。也就是说，技术创新的配置成本越高，则企业的技术创新成本也就越高；反之亦然。

从企业技术创新可持续性的角度来看，Ca 作为狭义的技术创新成本，主要是指企业技术创新的制度安排成本。在此，我们用 Ca 代表技术创新成本，Co 代表机会成本，Cr 代表风险成本，Ci 代表信息成本，Ct 代表无形转换成本，则狭义的技术创新成本就可以表示为

$$Ca = Co + Cr + Ci + Ct \tag{4.2}$$

以下本研究中所指的技术创新成本就是狭义的技术创新成本概念。

(三) 企业技术创新成本分析模型

由式 (4.2) 可知，要使技术创新成本最小化，就要让 Ca 的值最小化，即制度安排成本要最小，而 Ca 值的最小需要 Co、Cr、Ci 及 Ct 都达到最小化。技术创新成本最小化的实质是创新资源配置的均衡，表现为资源配置在企业技术创新系统内部的均衡，以及企业技术创新活动与其外部系统之间的均衡。而要达到技术创新内外部资源配置的均衡，就必须遵循边际成本与边际收益相等的配置原则。

假如用 NRi 表示技术创新的净收益，用 Ri 表示技术创新收益，则有：

$$NRi = Ri - Cs - Ca \tag{4.3}$$

设 Q 为技术创新中企业内外制度安排的数量，它是上述技术创新收益或成本的自变量。假如这里所指的内外制度都是有利于提高技术创新收益或降低技术创新成本的，并且这些制度对于技术创新都具有同等重要性。那么，当内外制度安排的数量达到某个合理的量时，制度安排的成本最小，从而技术创新的净收益将最大；如果制度安排超过这个合理的量，则意味着制度供给过多，制度间可能会存在冲突，反而造成制度安排的成本的增加，使技术创新的成本也随之增加，收益反而下降；如果制度安排未达到这个合理的量，则意味着制度供给不足，制度安排存在真空，制度安排将起不到降低创新成本、促进创新收益实现的作用。在此之所以只涉及制度安排的数量，主要考虑的是便于问题的分析。实际上我们知道，在技术创新的制度安排中，不仅要考虑制度量的问题，还需要考虑制度安排中结构的问题。关于这个问题，我们将在后续问题的讨论中加以分析。

这样，技术创新净收益函数可以表示为

$$NRi = Ri(Q) - Cs(Q) - Ca(Q) \tag{4.4}$$

那么，技术创新净收益最大化的必要条件是：

$$\frac{dRi}{dQ} = 0, \text{即} \frac{dRi}{dQ} = \frac{dCa}{dQ} \tag{4.5}$$

$\frac{dRi}{dQ}$ 代表的是技术创新的边际收益，而 $\frac{dCa}{dQ}$ 代表的是技术创新的边际成本。

实现技术创新边际收益等于边际成本的必要条件是有效的制度安排，即制度的激励和约束作用的发挥。从而，实现技术创新收益最大化的充分条件是：

$$\frac{d^2 NRi}{dQ^2} < 0, \text{即} \frac{d^2 Ri}{dQ^2} < \frac{d^2 Ca}{dQ^2} \text{或者} \frac{dMRi}{dQ} < \frac{dMCd}{dQ} \tag{4.6}$$

技术创新成本的存在决定了技术创新活动过程是有代价的，而有效的制度安排也只能将技术创新的成本降低到最小范围，并不能完全消除。因此，本着低成本技术创新的思想，我们将建立技术创新成本分析模型。

建立这一分析模型的基本前提假设为：企业的长期发展将依赖企业持续的技术创新，即企业持续技术创新的结果将使企业获得不断的发展。因此，我们用持续的技术创新来说明企业的长期发展（用 NRd 表示），即 $NRi = NRd$。

根据新古典企业理论的观点，企业是在给定的宏、微观制度下，使用劳动力和资本两种投入要素进行生产活动，所以，企业的生产函数可以表示为

$$Y = AK^{\alpha}L^{1-\alpha} \tag{4.7}$$

式中，Y 代表企业的最终产品产出；A 为技术创新；K 为资本投入（中间投入）；L 为劳动投入；且满足 $A > 0$，$0 < \alpha < 1$，$1 - \alpha > 0$。

显然，这一生产函数保持了产出对劳动投入和资本投入的边际生产率递减，且总规模报酬保持不变的特点，满足新古典经济学生产函数的性质。

然而，在新古典生产函数中，制度作为外生变量被给定，并没有考虑到制度的约束。从企业持续成长的角度看，需要引入制度约束。在企业成

长过程中，合理的制度安排有利于企业生产效率的提高，并形成发展的可持续性。引入制度约束后，生产函数将变为

$$Y = AK^\alpha I^\beta L^{1-\alpha-\beta} \tag{4.8}$$

式中，Y 表示企业的长期产出；I 表示制度约束；且满足 $0<\alpha<1$，$0<\beta<1$，$1-\alpha-\beta>0$。

从制度要消耗企业资源的基本事实出发可知，要实现有效的制度安排，即让 I^β 保持合理的水平，企业需要支付相应的制度成本。那么，企业的长期发展将是企业长期产出扣除相应成本后的结果。将企业成长中的生产成本和制度成本引入模型便可得到：

$$NRd = Y - C \tag{4.9}$$

由于前述假设 $NRi = NRd$，那么，相应的成本指的就是广义的技术创新成本。则有：

$$NRi = Y - C = AK^\alpha I^\beta L^{1-\alpha-\beta} - Cs - Ca \tag{4.10}$$

当式（4.10）满足 $\dfrac{dRi}{dQ} = \dfrac{dCa}{dQ}$ 时，Ca 达到最小，NRi 达到最大。而当 Ca 最小时，式（4.10）可以看作低成本的技术创新模型。

三 企业技术创新成本产生的根本原因

从前述分析可以看出，表面上，技术创新成本是企业进行技术创新活动使用、消耗创新资源所造成的，其实，它是技术创新制度安排的结果。以下我们分别从宏观正式制度和非正式制度两方面来进行概括分析。

（一）来自正式制度安排方面的原因

从正式制度安排看，主要有如下四个方面的原因。

一是由于企业技术创新中存在着产权界定不清或缺乏相关产权保护制度等方面的问题，从而形成了企业技术创新的成本。巴泽尔指出，通常产权界定越清楚，财富被无偿占用的可能性就会越小，所以，产权的价值也就越大。[1] 然而，创新知识准公共产品的特征，使其产权上有一定的非排

---

[1] 参见 [美] Y. 巴泽尔《产权的经济分析》，费方域等译，上海三联书店、上海人民出版社 1997 年版，第 125 页。

他性，在缺乏合理市场定价进行交易的情况下，模仿、复制等的成本非常低，从而不可避免地存在搭便车的行为。

二是由于企业进行技术创新的市场制度不够完善所带来的成本。当面对有害的市场外部性时，"无形的手"对资源的配置往往是无效的，会形成高昂的社会成本。科斯通过对走失的牛群和谷物的损害问题、糖果制造商的机器引起的噪声和震动干扰了某医生的工作等事例的分析[1]，很好地说明了这一点。此外，由于知识及其产权交易市场对其价值评估存在某些非市场化情况，所以造成知识及产权的价格偏离了其内在价值，难以反映创造新知识、研发新技术等的机会成本。

三是政府干预不到位也会在一定程度上造成技术创新的成本。一般来说，市场失灵给政府干预带来了空间，但是，"有形的手"不是任何时候都会发挥或能够发挥其应有的作用的。具体来看，由于政府干预存在决策风险，加上技术创新的不确定性，因此，当市场失灵需要政府干预时，政府却没有采取有效的干预措施。还有就是政府干预的低效率，使创新主体存在急功近利的思想，只重视创新技术而忽略了创新能力的提高。"无论是'让给市场做'还是'施加更多的政府干预'，现实就是如此。经济部门和政府部门之间的关系必定是一种有选择地参与的关系，在某些领域，应该有选择地不参与"。[2]

四是政府有关企业技术创新的相关政策缺乏长期性。主要表现在政府相关政策的制定通常会对企业技术创新的隐性和潜在成本关注不够。这恰恰反映出政府政策制定部门对企业技术创新的成本构成还缺乏较为全面的认识，从而使政策在企业技术创新成本分摊中的作用发挥不足，难以激励企业的主动创新行为，当然也不利于企业形成持续的创新动力。比如：在中国有关企业技术创新方面的财税政策中，大多采用补贴等较为短期的方式来推进企业的技术创新活动，而真正有助于促进企业技术创新活动长期开展的流转税制度改革却显得较为滞后。此外，多层次资本市场制度的完

---

[1] 参见［美］R.H.科斯《社会成本问题》，载 R.科斯等《财产权利与制度变迁》，刘守英等译，上海三联书店1994年版，第5—24页。

[2] ［美］汤姆·蒂滕伯格：《环境与自然资源经济学》，金志农等译，中国人民大学出版社2011年第7版，第616页。

善及企业技术创新融资渠道拓展方面的政策也显得不足。

(二) 来自非正式制度方面的原因

对于反映人与人长期交往形成的价值观、意识形态、伦理道德规范、风俗习惯等非正式制度，其主要与人的观念、心理、动机和行为等有着紧密的内在联系。如果在技术创新中不能把个人创新意识和主观创新精神较好地转变成社会共同的创新意识和文化，形成社会性的价值观，那么，各种逆向选择和道德风险的状况将冲击着企业的技术创新活动，同样会让企业技术创新因缺乏良好的市场秩序的保障和有利的社会创新氛围而难以持续。另外，如果把企业仅看作追求目标最大化的主体，把技术创新也只是当成经济价值的创造过程，那么，这类观念的导向只会造成企业技术创新社会责任的缺失，不利于创新中合作和信任关系的建立等，进而导致社会资源的极大浪费，不仅增加了社会成本，也不利于社会整体从创新成果中获得更多收益和提高福利。

四 对企业技术创新成本及其构成进行经济学分析的意义

对技术创新成本及其构成进行分析，就是从理论上明确企业技术创新的根本动因、技术创新决策的依据及有效制度安排对企业技术创新的作用。同时，这对企业技术创新制度安排的实践也会有积极的指导意义。具体来说，表现在以下几方面。

(一) 有利于对企业技术创新成本及其构成形成较为全面的认识

传统观点中人们对企业技术创新成本的认识主要局限于技术创新的现实和显性成本部分，常常忽略了技术创新的潜在成本。显然，这种认识是有很大缺陷的，它不利于我们找出企业技术创新的根本动因。在分析企业为什么会有技术创新动力不足的情况时，显得说服力不强，缺乏足够的理论支撑。众所周知，企业之所以进行技术创新，主要是基于对技术创新良好的预期，也就是说，企业希望获得的技术创新净收益应达到最大。从前述分析可以看出，只有技术创新成本最小时，即替代成本和制度成本都最小时，才能实现这个目标。由于替代成本和制度成本是两种性质不同的成本，前者具有较强的刚性，是一种显性成本，容易引起人们的关注，其影响短期内可以被分摊和消化。但是，制度成本则具有较大的弹性，是一种隐性成本，往往容易被忽视，但其影响却是长期性的。所以，假设在既定的制度状态下来看它们之间的关系，替代成本高说明原有生产要素继续使用的程度低，相应地，对原有制度环境和体系就提出了新的转变需求，从而制度安排成本也会随之增加。由于制度安排成本在短期内难以消化，常常会影响技术创新的总体效应，进而会减低企业技术创新的动力。也就是说，技术创新替代成本高，制度安排成本也高，从而，企业技术创新的动力不足。因此，对技术创新成本及其构成的全面认识就显得至关重要。

（二）可以为企业技术创新决策提供科学的依据

可以说，决策贯穿技术创新的全过程。比如：技术创新前，创新主体要决定是否进行创新。开始创新后，"是否继续下去"将是创新主体不断向自己提出，并解决的问题。那么，正确的技术创新决策就是创新主体为了实现特定的创新目标，运用科学的理论和方法，系统地分析创新的主客观条件，在掌握相关信息的基础上，提出若干可行性方案，判断优选后，对相应的技术创新活动做出决定的过程。在这个过程中，要做出正确的决策，离不开相应的信息，而信息的数量和质量将直接影响到决策的结果。本研究认为，适量而合理的信息将使创新决策体现出科学性和经济性。一般来说，创新决策主体通常会采用技术创新成本与收益的比较来进行相应的决策。由于技术创新过程的不确定性，创新的活动和环节非常多，成本的构成也非常复杂，前边我们已经做了详细的讨论，在此就不再赘述。所以，如果对企业技术创新成本及其构成没有一个较为系统的了解，技术创新决策及其制度安排的方式选择就会出现很多疏漏，从而影响决策的质量和效果，容易造成决策失误。所以，技术创新成本及其构成是技术创新决策的基础和依据，它可以让企业避免不必要的损失，即避免冒进带来的风险或保守造成的机会损失。

（三）有利于明确有效的制度安排对企业技术创新的积极作用

企业技术创新的发生和持续，主要取决于创新主体对创新动力是否能进行充足的判断，只有当创新主体认为技术创新能为自身带来收益，也就是其创新努力能够得到合理补偿时，创新主体才会有进行创新活动的主动性和积极性。而制度的一个主要功能就是通过私有产权制度、知识产权制度、人力资本产权制度等的制度安排，来保护创新主体的创新收益。同时，它也提供了一种限制，即告诉人们什么是不要做的，这样做将会付出什么代价等，进而达到鼓励创新的目的。另外，制度所提供的一系列界定创新交易主体的规则，有利于明确主体间的关系，为创新合作创造条件，达到缓解创新过程中的冲突和减少相关协调费用的目的。此外，制度还可以减少技术创新的外部性，抑制机会主义倾向，减少创新活动中的不确定性，使创新主体更有效地开展创新活动，不断提升创新能力。然而，要想让制度的这些功能很好地发挥其作用，就离不开有效的制度安排。因为制度安排是需要消耗资源的，即同样是需要成本的。所以，制度安排并非制度的量越多越好，而是要看在必要的制度量安排的基础上，制度间的配置是否合理，制度的成本是否是最小的。唯其如此，企业技术创新的收益才能达到最大，也才能发挥制度安排增加企业创新动力、提升其创新能力的作用。

第二节 企业技术创新中制度安排行为的分析

理论和实践证明，技术创新的确在推动企业长期发展上发挥着非常重要的作用。然而，面对稀缺的技术创新资源，企业要真正实现获得创新收益和最大化利润、促进社会进步发展等一系列经济的和社会的目标，就必须尽可能地把技术创新过程中的各种成本降到最低，而企业各种降低成本的方式和手段，从根本上说，无一不是企业对相关制度选择和安排的结果。因此，企业技术创新的核心问题就是技术创新过程中制度安排的问题。总的来说，技术创新中的制度安排决策是企业设计或选择内外制度来组织和保障技术创新活动的过程，在进行决策时，必然会对选择内部制度安排或外部制度安排的相关成本与收益做出对比分析，其本质就是决定企业一个最为合理的制度边界和规模，使其技术创新保持在适宜、有效的制度安排和行为机制状态下。为此，本书将基于交易成本的角度，对企业技术创新中制度安排的行为进行理论分析。

一 交易成本理论形成概述

发轫于 20 世纪 70 年代的新制度经济学，其不同于以往经济理论的地方在于运用边际分析来研究制度的内生化及其对经济绩效的影响，提高了经济理论对现实的解释力。新制度经济学研究涉及的内容包括制度起源、性质、作用、演变的系统阐释以及对各种制度的不同经济后果的剖析。其涉及的学科领域也非常广泛，包括政治、社会、法学和管理等学科，已形成了一个较为完整的研究体系并还在不断地发展。新制度经济学中的交易成本理论，是针对古典和新古典企业理论存在的不足，以及在康芒斯和科斯理论观点的基础上发展起来的。而威廉姆森则对该理论进行了深化研究，主要在交易中成本约束对交易结果的影响和作用，以及有效结果获得的治理机制的构建等方面提出了独到的见解，进而推动了交易成本理论的形成。

到目前为止，交易成本尚没能形成一个统一的定义。新制度经济学家一般会从不同的角度阐释交易成本的内涵。科斯把其称为"应用价格机制的成本"，德姆塞茨则把其说成是"交换所有权的成本"。概括而言，交易成本就是经济制度运行的费用，主要与构造或改变制度或组织所花费的成本，以及应用制度或组织所花费的成本有关，包括信息成本、监管成本和制度结构变化成本。

按照新制度经济学的观点，交易成本的水平决定制度结构。一方面，制度结构的特殊形式影响交易体的报酬，进而影响交易成本，在生产成本和组织知识给定的条件下都趋于选择使交易成本最小的组织结构；另一方面，由于交易成本是可变的，当技术和组织知识给定时，决策者往往会选择生产成本和交易成本最为经济的组织形式。

交易成本理论的基本分析单位是"交易"，这一概念在古典和新古典经济学家那里的使用是很广的，但其基本的内涵是物品或劳务的双边转移，也就是通常所说的交换的概念。后来是康芒斯赋予了"交易"新的内涵，使其成为经济学的一般范畴，与反映人与自然关系的"生产"相对应，"交易"突出了人与人之间的关系，体现的是所有权的转移，不同的交易组合在一起，构成了经济研究中的运行机构，或称之为制度。由此看来，制度是无数次交易形成的结果。因此，康芒斯把"交易"作为制度经济学的基本分析单位，并将这种具有一般化特征的交易划分为三类：买卖交易、管理交易和限额交易。他认为，这三类交易并不完全与市场、企业和政府这三种基本制度安排一一对应。反过来说，市场交易的大部分属于买卖交易，企业内部交易大多为管理交易，而限额交易包含的内容就相对多一些，不仅包含政府交易，还包含组织间的非市场交易或企业内的交易。比如我们很难把协会或企业组织共同体等组织制度明确地划归到上述三类交易中的某一类。总之，康芒斯对交易概念的提出和界定，有利于人们认识和区分不同性质的经济活动，对后来交易成本概念的形成及相应分析方法的提出和运用奠定了非常重要的基础。即便如此，康芒斯最初分析所采用的方法是非经济学的哲学、社会学、心理学等方法，尽管逻辑严密、内容丰富，但仍然长期游离在正统经济学之外。

科斯作为交易成本理论形成的奠基人，他在《企业的性质》和《社会成本问题》两篇论文中提出了"交易成本"的概念，并将其引入经济分析中。在新古典企业理论中，企业被看作生产函数，所有的市场关系都通过供求曲线来表示，也就是说，无论市场交易还是企业内部交易都被假设为是瞬间完成的，是不稀缺的且交易成本为零。科斯基于解答企业起源和纵向一体化的原因，提出了交易成本的概念，并明确了企业存在的原因是为了节约市场交易成本，当企业与市场或另一企业边际成本相等时，这就是其最佳的规模；而位于产业链不同生产阶段的企业，是通过签订长期契约，还是实行纵向一体化来保持之间的关系，主要得分析这两种形式的交易成本哪个更低。科斯关于企业存在的观点及其相关分析，无疑对新古典企业理论的假设是一个非常大的突破，以至于后来的经济学家把交易成本的概念广泛用于代理关系、寻租活动、外部性问题等的分析中，并逐步使交易成本的概念更加趋于一般化。科斯的《社会成本问题》是对交易成本概念的进一步深化和运用，主要扩展了交易成本外延，使交易成本成为经济制度运行费用的同义语。同时还说明了交易成本对制度形式的影响，以及交易成本带来的不同的权利配置对资源配置和收益分配的影响。其中，"科斯第二定理"表明，在正交易成本的情况下，不同权利的界定会带来资源配置不同的效率。这种将权利安排或制度形式与资源配置效率联系起来的观点，使制度研究有了更强的针对性。然而，这位对企业理论有着卓越贡献的经济学家，虽然提出了交易成本的概念，但并未对其进行明确的界定。

为此，许多学者分别进行了进一步的探讨，威廉姆森就是其中最具代表性的一位。在他看来，交易不仅仅只限于所有权的转移，还包括组织内部或组织间发生的很多活动，它们都可纳入交易分析的范围，他把交易成本比作"经济活动中的摩擦力"[①]；企业也不再是生产函数，而是节约交易成本的治理结构。威廉姆森除了从新的视角赋予了交易成本新的含义外，还将其区分为与相应交易相关的两种交易成本，即合同签订之前的交易成本（包括谈判、起草、确保合同履行的成本）和合同签订之后的交易成本（包括不适应、再谈判、仲裁和诉讼、监督的成本）。此外，他还把资产专用性、不确定性和发生的频率作为区分交易的标志。从而使交易成本分析成为组织现象的一种重要的分析方法。

二 交易成本分析的逻辑架构

（一）对传统经济理论关于企业分析的简要评价

回顾古典和新古典企业理论的相关观点与分析方法[②]可以看出，以亚当·斯密为代表的古典经济学家，特别强调劳动分工对于生产率提高的作用，在他们看来，企业的存在是生产过程组织协调的需要。由于劳动分工会受到市场规模的限制，所以，企业的规模也不可能无限扩大。但至于是什么因素在影响企业规模的确定，斯密并没有做出进一步的分析。马克思在分析资本主义生产方式的过程中，一方面肯定了劳动分工在机器大工业生产中的重要地位；另一方面则强调生产过程中协作劳动的作用。他认为，企业存在的条件是劳动分工与协作，而规模的大小则取决于生产的技术条件，随着技术的进步，企业规模也将随之扩大。与斯密一样，马克思也没有对企业生产组织中的成本、组织形式、产权等微观层面的问题进行分析。马歇尔局部均衡理论的提出和边际分析方法的运用，使企业理论得

---

① ［美］奥利弗·E. 威廉姆森：《资本主义经济制度》，段毅才等译，商务印书馆2002年版，第31—32页。

② 因本部分的重点是对交易成本的基本分析框架做出阐释，古典和新古典企业理论观点主要起到分析逻辑延续的作用，所以，主要经济学家的相关观点在此不再赘述，可参阅［英］亚当·斯密《国民财富的性质和原因的研究》上、下卷，郭大力等译，商务印书馆1972年、1974年版；［德］卡尔·马克思《资本论》第1卷，中央马列编译局译，人民出版社1975年版；［英］马歇尔《经济学原理》上、下卷，朱志泰等译，商务印书馆1964年、1965年版。

到了极大的发展。与斯密和马克思等经济学家不同，马歇尔的理论和分析方法是从微观行为主体决策的角度提出的，他把企业看作一个生产函数，考察其在有限的资源、技术条件下，如何通过资源配置，使企业达到利润最大的目标，这是企业存在的原因。他认为，企业规模大小的确定需要对边际收益和边际成本进行比较。当边际收益大于边际成本时，企业可扩大规模；反之亦然。在这样的思想导向下，企业技术创新过程中制度安排的决策也可用这一原则进行简单的分析，即当企业外部技术创新制度安排的边际收益高于内部边际成本时，企业会选择依靠外部制度安排的方式来进行或推动技术创新；相反，则会通过内部制度安排的方式来开展技术创新活动。当然，这样做的前提是满足新古典企业理论的三大假设：理性行为、完全信息和利润最大化。然而，现实中经济主体的行为和决策过程是很难达到这样理想的状态的。也正是由于传统企业理论分析方法过于宏观（如古典企业理论）和过于理想化（如新古典企业理论）的缺陷，使交易成本理论有了运用和发展的空间。交易成本理论对新古典企业理论假设存在的不足进行了修正，提出了更为接近现实经济活动和行为的基本假设和相应的分析方法。

（二）交易成本分析的基本假设

任何经济分析都是有前题条件的，交易成本分析也不例外。正如上述分析所提到的那样，由于分析前题的假设对现实经济活动或行为的解释力不强，使传统企业分析方法存在一定的缺陷。所以，交易成本分析在反思这些不足的基础上，从现实的角度对其基本理论假设进行了构建，提出了经济组织研究中关于人类行为的两大基本假设：有限理性、机会主义；以及关于环境因素的基本假设：不确定性与复杂性、小数条件和信息阻塞。具体从以下几方面来加以分析。

1. 有限理性

有限理性这一理念最早是由诺贝尔经济学奖得主西蒙提出来的，它指的是人们在信息收集、整理等方面不具备完全的计算能力或表现出能力不足的情形，即所谓的想要达到最为理想的状况，但实际上只能有限地做到。按照这种观点，各种经济角色的心态就被视为"有限理性却刻意为之"，有限理性将会使行为主体遭受市场不确定性和风险的可能性增大。

交易成本分析承认行为主体的有限理性,因此,"再想签订面面俱到的合同,……就是一种不切实际的想法了"①。即便如此,只有承认理性是有限的,才可以更深入地研究市场和非市场这两种制度安排形式。技术创新活动中有限理性的存在,使行为主体的决策和选择要在有限预测和判断过程中不断试错,而为此付出各种代价和成本也就是自然的事情。当然,在客观对待合理成本支付的同时,从有限理性的角度出发,同样可以找到节约成本的途径,最为关键的是可进行有效的制度安排。交易成本分析最为关注的是根据不同情况,利用不同的制度安排来解决技术创新中面临的不同问题。

2. 机会主义

交易成本经济学最为注重机会主义的情形是"追求私利程度最强烈"的那一种,即所谓的"投机","特别指那些精心策划的误导、歪曲、颠倒或其他种种混淆视听的损人利己行为。"② 尽管并非所有行为主体在交易中都采取机会主义的做法,但由于它的存在,往往会使交易信息不完全或扭曲。为了防止对方利用市场的复杂性或找其他借口不履行合同等,交易者通常要对机会主义行为进行区分,并尽可能地获取对方更为充分的信息,采取相应的措施应对对方的违约行为。这必然会增加谈判、签约和履约的难度,也就增加了相应的成本支出。交易越复杂,机会主义倾向带来的交易成本就越高。因此,有限理性的企业为了使技术创新持续和保持最佳的水平,在进行制度安排时,必须认真分析和考虑这个问题,尽可能地减少这类行为的发生。

3. 非竞争的市场结构

非竞争的市场结构也就是威廉姆森所说的小数条件,它指的是市场上可供选择的交易对手少,市场竞争不充分,交易方便且不担心交易资格的问题,常常表现出机会主义的倾向。而大数条件则与此相对,反映的情形是市场上交易的对手非常多,交易各方能获得充分的竞争性市场结构的交

---

① [美]奥利弗·E. 威廉姆森:《资本主义经济制度》,段毅才等译,商务印书馆2002年版,第69页。
② 同上书,第71—72页。

易条件,并且清楚作为机会主义者的严重后果——在交易中会被取消交易的资格。由于交易是处于动态变化之中的,所以,小数与大数条件并非铁板一块,在某些情况下二者还会相互转化。假如行为主体是在大数条件下完成了签约,但随着合同的实施,交易双方可能会进入合作锁定的状态,一方面双方已在交易和合作过程中形成了默契,建立了共有的交往文化,这在一定程度上会使监督等费用减少。另一方面双方之前已经投入了调查研究交易对手相关信息的费用。所以,放弃对方意味着更多的损失,在此情况下,行为主体一般仍愿意与原来的对手合作。当双方都做这样的选择时,大数条件就变成小数条件了。

4. 信息不对称

由于行为主体交易所处的环境是复杂而不确定的,在有限理性的假设下,行为主体对信息的收集、加工能力等也是有限的。所以,信息不对称在交易过程中就表现为一方拥有的信息多于(包括对信息的进一步挖掘而得到的更丰富的信息内涵)另一方,后者将为获得等量和等质的信息而支付相应的成本。一般而言,拥有信息较多的一方容易有机会主义行为的倾向,这将会加剧信息不对称的状况,从而出现逆向选择和道德风险的问题。由此看来,进行有效的制度安排是减少信息不对称所带来问题的必然路径。

由上述分析可以看出,相对于新古典企业理论的假设,交易成本理论基于主(人)客(环境)观条件提出的假设的确更接近经济活动现实,而且这些假设之间是相互影响和作用的,它们共同影响着交易各方的决策和选择行为。因此,作为有限理性的"合同人"或"契约人",在不确定和复杂的条件下,可以通过有效的制度安排来减少机会主义行为,达到最小化交易成本的目的。

(三)交易成本分析的基本思路

尽管交易成本理论仍处于不断发展中,但从现有的理论框架看,其包含的内容非常多,概括而言有如下几个方面:一是替代理论。该理论认为企业作为价格机制的替代,可以降低市场的直接定价成本。主要包括科斯的市场替代论、张五常的契约替代论、杨小凯和黄有光的企业一般均衡的契约模型。二是团队生产理论。阿尔钦和德姆塞茨认为,企业的实质是团队生产，生产团队之所以演变为企业，主要因为团队生产中存在激励需求与计量困难的矛盾，企业的特征是激励和监督能力优于市场，能节约更多的交易成本。三是资产专用性理论。威廉姆森主要以资产专用性为中心，研究交易契约及其与治理结构的匹配问题等。① 总的来说，这三类研究涉及的侧重点是有所不同的。其中，威廉姆森的资产专用性理论，也就是通常所说的交易成本分析方法，是根据制度的比较来研究经济组织活动，它延续、继承并超越了科斯有关交易成本的思想和观点，对科斯理论中系统性和操作性不足的方面进行了完善，实现了交易的维度化和可操作性，以及制度的可预测性。与研究经济组织的其他方法相比，资产专用性理论更侧重于微观分析，把企业看作一种治理结构而非生产函数，对经济活动主体行为的认识更符合现实，引入并发展了资产专用性的概念，特别强调契约签订后的制度问题。

交易成本分析方法将交易作为基本分析单位，认为交易成本的产生是由于有限理性、机会主义和资产专用性的同时存在。首先，如果存在专用资产，假如交易双方是追求利润最大化的完全理性行为主体，那么，任何的机会主义都会被预知、控制，而且双方在零成本的情况下可以签订出非常完备的契约，契约的履行也不需要额外的治理结构；又假如双方都没有机会主义倾向，即便存在有限理性，双方都将会严格按约定的规则保证交易的顺利完成。其次，如果不存在专用资产，那么，是否是有限理性或是否存在机会主义都将无关紧要，一切交易关系都由市场的价格机制来协调和配置。最后，当三个因素同时存在时，契约将不是完备的，约定也未必能够施行，市场机制的有效性也会成问题。因此，必须通过建立各种治理结构来保证交易的成功和契约的有效履行。

为了比较是否能节约交易成本，交易成本分析方法把所有交易都看作一种契约，根据资产专用性、不确定性和交易频率这三个区分交易属性的维度，将不同性质的交易划分为不同类型的契约——古典、新古典和关系型契约，并且对应于相应的治理结构——市场治理、三方或双方治理和统一治理，在进行治理结构选择时，通常是把一种签约和履约的形式与另一

---

① 参见王国顺等《企业理论：契约理论》，中国经济出版社2006年版，第90页。

种形式进行对比，主要采取的是比较交易成本差异的方法来确定最终的结果。不同的治理结构有着不同的激励作用和效果，不存在无条件最优的制度安排和组织形式，每种治理结构都存在组织失灵的可能性，都受到一定组织效率空间的限制，而最大限度地节约事前和事后交易成本的治理结构是最佳的治理结构。

综上所述，交易成本理论的形成和演变，极大地丰富了企业理论及其分析方法，其发展过程中也引发了很多的争议[①]。换一个角度看，这些"批评"实则是对交易成本理论的推动。即便如此，威廉姆森等学者所提出的交易成本分析方法，为本研究分析企业技术创新的制度安排提供了可资参考的研究手段。

三 企业技术创新中制度安排选择的影响因素分析

由上述交易成本理论的相关观点可知，企业技术创新的制度安排可以在企业内部（企业制度）或企业外部（非企业制度）两种形式中进行选择，要弄清企业在两种制度安排中为什么选和如何选的问题，就需要对这两种制度安排不同的适应性进行相应的分析。

显然，企业技术创新过程中制度安排的目的，主要是降低创新过程中的交易成本，即前述分析中界定的配置成本。然而，针对企业技术创新相关制度安排的决策往往会受到很多因素的影响。根据交易成本分析方法的观点，资产专用性和不确定性是其中两个主要的因素。而当原有的制度安排与当前的交易属性不匹配，出现无效率的情况时，企业就会对制度安排进行重新选择，也就是说，企业是在比较、权衡由资产专用性、不确定性等因素带来的创新交易成本的高低之后来做出制度安排选择的。为了便于下述的讨论，我们把新技术作为基本的分析单位，对影响企业技术创新中制度安排的因素进行具体分析。

---

① 学者们的相关观点可参阅1994年在鹿特丹召开的名为"交易成本经济学及其超越"的研讨会的论文集：[美]约翰·克劳耐维根《交易成本经济学及其超越》，朱舟等译，上海财经大学出版社2002年版。

(一) 创新资产专用性及其类型的影响

由于企业技术创新是企业以新技术为依托而开展的一系列交易活动过程，需要配置的创新要素和资源非常复杂，既涉及创新所需的专用场地、专用实物资产，还涉及为创新投入的专门人力资产和特定用途的资产等。投入的是哪一类资产，就会有相应的制度安排。通常这些投入发生后，会产生锁定效应或不可逆性，如果技术创新内外契约的履行情况并不顺利，各类投资将变成沉没成本，就会加大企业风险。在此情形下，企业会考虑选择内、外部制度安排中的一种或混合的形式来分担上述成本，如果没有相匹配的制度安排，企业继续技术创新的动力将丧失。但具体的情况还需要根据资产专用性的类别来进行判断。威廉姆森认为，在不考虑其他条件的情况下，如果资产专用性特别强，比如：专有技术、专用人力资产等，就需要制定激励或约束策略来防止机会主义行为，此时，企业更多地趋向于采取内部制度安排的形式。但是，如果资产属于非专用，且不是通用资产，一般会采取混合或交叉的制度安排方式，比如创新合作。而如果是通用性资产，则可采取完全的外部制度安排的方式。"然而，一旦资产专用性提高了，天平就偏向内部组织了。"[①]

(二) 创新过程不确定性的影响

一方面，有限理性使创新主体不可能收集到有关创新的所有信息，分析和把握创新信息的全部内涵，使潜在的不确定性增加。另一方面，创新交易过程中机会主义行为的存在，导致交易要想得到所有可能出现状况的信息是极为困难的，由此带来信息的不对称。即便是可以做到，但所要支付的代价也非常高。如此一来，不确定性越大，就越需要企业做出适宜的连续决策。但是，不论不确定性的程度有多高，如果没有专用资产这个因素，它对企业技术创新中制度安排形式的选择的影响是非常有限的，可以说，不存在制度安排的选择，只需市场制度就可以解决交易中不确定性带来的问题。

---

① [美] 奥利弗·E. 威廉姆森：《资本主义经济制度》，段毅才等译，商务印书馆2002年版，第126页。

（三）创新交易频率的影响

威廉姆森认为："涉及巨额专用资产投资的交易最适宜采用专用治理结构。"① 显然，采用专门的制度安排是要付出非常高的成本的。一般来说，如果企业这类交易的市场规模大，交易频率高，为建立这种专门制度的投资回收速度将会非常快，很容易就可以得到补偿。但是，对于技术创新这个复杂、长期的交易过程来说，即使潜在的市场规模很大，在新产品或服务推出市场之前，出于对新技术的保护，其交易频率都将因此而受到限制。如果在缺乏外部管理机制和保障条件的情况下，企业技术创新的制度安排也就更侧重于内部制度安排。

通过上述分析可以看出，在三个影响因素中，企业技术创新中制度安排的选择对资产专用性因素的反应最为敏感，而制度安排的选择会因资产专用性类型的不同而不同。如果再加上其他因素，制度安排的选择将会更为复杂一些，但总是在内部或外部制度安排的选择中做出决策的。

四　企业技术创新中内、外制度安排的关系与选择

（一）两种技术创新制度安排的关系与作用

前述我们已介绍过新制度经济学家根据对制度安排的不同理解和观点，一般把制度划分为正式制度和非正式制度②，而正式制度安排与非正式制度安排的总和可称为制度结构。按企业技术创新中制度是"自制"还是"外购"，以及制度形成方式和发挥作用的范围来看，我们将制度安排区分为内部制度安排和外部制度安排，这与传统制度经济学的划分本质上并没有差别，这样划分主要是基于研究的需要，为了保证与所选理论和分析工具的一致性。

本书认为，企业技术创新的内部制度安排，是一种通过企业制度由内而外地进行创新资源配置的手段。这里所谓的企业制度主要包括企业治理结构、激励机制、组织构架及规章、经营管理及企业文化等。比如，在技

---

① [美] 奥利弗·E. 威廉姆森：《资本主义经济制度》，段毅才等译，商务印书馆 2002 年版，第 99 页。

② 参见林毅夫《关于制度变迁的经济学理论：诱致性变迁与强制性变迁》，载 R. 科斯等《财产权利与制度变迁》，刘守英等译，上海三联书店 1994 年版，第 390 页。

术创新中，如果企业需要创新人才，而外部人力资源市场及其机制不够健全，企业就可以考虑统一治理的方式，即通过内部的人力资源激励制度吸引相关人才参与到技术创新活动中来。与企业技术创新的内部制度安排不同，外部制度安排是一种通过非企业制度由外而内地进行创新资源配置的手段。而所谓的非企业制度则包括产权制度、市场制度、金融制度、财税制度、政府政策、社会价值准则等。比如，在新技术产品市场推广过程中，企业需要进行消费者和市场调研，虽然企业内部并没有设置相应的机构和专门的人员负责此类活动，但企业外部的专业调查机构或中介却非常多，在此情况下，企业一般会考虑采取双方或三方治理的方式，通过聘请专业机构的办法来达到完成相关调查工作的目标。事实上，在企业技术创新中，这两种制度安排既相互联系，又存在一定的差别。一方面，二者都是企业进行内外部创新资源配置的手段。从交易成本理论的观点看，它们之间可以相互替代，而且只有二者达到一种良好的配置状态，制度安排才是有效的，这种替代和配置的关系都主要基于交易成本的节约。另一方面，二者对技术创新成本的形成方式和作用有所不同。既然二者之间的关系存在一定的可替代性，那么，在技术创新中，企业自然就会在对内部创新成本与外部创新成本的分析比较，以及自身现状和外部环境趋势的权衡中，做出适宜的决策，选择相应的制度安排方式。也就是说，当企业做出以内部制度安排为主的选择时，技术创新交易行为就主要内化于企业，企业将因此对内部资源和要素进行重新配置，这将增加企业的创新成本。但如果这些成本的增加能使企业创新资源和要素的数量与质量有提升，并促进企业创新设施设备、人才、组织管理、创新意识、知识及开发等方面能力的形成，则对企业的生存和发展有着重要的作用；相反，将会使企业的技术创新收益减少，导致创新动力不足，最终阻碍技术创新的持续。而当企业做出以外部制度安排为主的选择时，那么其主要意图是将内部存在的逆向选择和道德风险问题外部化，以此减少企业的组织管理成本。当然，这样做，在一定程度上也会增加企业相应的交易成本。所以，只有在企业对组织管理成本和市场交易成本进行综合比较后才会形成最终的结果。此外，选择外部制度安排还有利于企业通过对外的创新投资（如投资创新企业、进行合作创新等）获取直接的财务收益和间接的战略利益。这不仅可以改变传统的技术创新方式,还会给企业带来更多的创新动力。

总之,在现实的企业技术创新过程中,内部或外部制度安排不存在孰优孰劣,它们都是可供企业选择的技术创新方面的制度安排形式,通常是在动态的制度供给(包括制度总量及制度构成等方面)中达到配置创新资源、促进持续创新的目的。不论是内部制度安排还是外部制度安排,它们都是企业在总交易成本最小化目标的前提下,综合各方面因素做出的相应决策,它们可能是单独地,也可能是共同地影响着企业的技术创新活动。然而,两种制度安排对企业决策行为的作用效果是有差异的。外部制度安排能减少内部机会主义行为,发挥更大的技术创新激励作用,实现规模经济和范围经济,并可以对企业内部的官僚主义进行限制。而内部制度安排可以对科层组织进行有效的控制,避免一些市场失灵。因此,以下我们将就企业对两种技术创新制度安排选择的机理进行分析。

(二) 企业对技术创新中两种制度安排的比较与选择

由于交易成本是一切不直接发生在物质生产过程中的、为了促成交易所需要付出的代价,它的大小直接影响了交易效率的高低。那么,交易费用能被度量吗?关于这个问题,西蒙(1978)、威廉姆森(1985)、张五常(1992)等分别提出了自己的观点,但都认为要直接算出交易成本是困难的,短期内很难完成精确的测算,从比较制度研究的角度看,精确计算的意义也不太大。[①] 科斯在其理论中也指出了交易成本对制度选择的影响,但他主要是通过大量实例说明了这种影响的存在,并提出了相应的论证结构:[②]

$$G^* = G^1 \text{ 若 } C^1 < C^2$$
$$G^* = G^2 \text{ 若 } C^1 \geqslant C^2 \qquad (4.11)$$

式中,C^1、C^2 分别代表各个制度安排对应的治理成本,G^* 代表按交易成本节约原则被选中的制度安排,G^1、G^2 分别代表可供选择的制度安排。

---

① 参见王国顺等《企业理论:契约理论》,中国经济出版社2006年版,第85—86页。
② 参见[美]斯考特·E.玛斯顿《交易成本经济学的实证研究:挑战、进展与发展方向》,载[美]约翰·克劳耐维根《交易成本经济学及其超越》,朱舟等译,上海财经大学出版社2002年版,第63页。

科斯的论证结构非常简明，但他除了直接比较各种制度安排的治理成本外，并未提出在任一特定环境最优制度选择的理论基础。实际上，在现实的经济活动中，直接进行制度安排成本的比较是非常困难的，从而使其论证中的交易成本很难观测，且缺乏比较的基础。威廉姆森为避免上述直接比较中存在的缺陷，提出采用可观测属性的方法来解释组织成本差异，通过这些属性来确定交易成本是否存在，进而根据差异的结论来进行决策。其论证结构如下：[①]

$$C^1 = \beta_1 X + e_1$$
$$C^2 = \beta_2 X + e_2 \qquad (4.12)$$

式中，X 表示影响组织成本的可观察的特征向量，β_1 和 β_2 是参数向量，e_1 和 e_2 是未被观察到的因素（如决策者估计组织成本时的误差、错觉等）。

如此，即便无法观察交易成本，我们仍可以通过具体分析交易如何导致各组织形式的概率差别来设计可检验的假设，并根据 β_1 和 β_2 的相对量值建模预测。

上述这一论证结构突破了现实的限制，为我们进行企业技术创新制度安排选择的分析提供了理论基础。为了便于分析，我们将企业外部与内部之间的激励和控制机制假设为既定因素，且技术创新中的制度安排产出也是不变的，即收益不变。

假定1：规模经济和范围经济对决策的影响可以忽略不计。

假定2：交易双方的生产成本得到严格控制，即生产成本也可以忽略不计（由于市场强激励机制的作用及技术创新中双方已经建立起来的依赖关系）。

那么，制度安排决策将只考虑治理成本，其与技术创新的资产专用性有关，随资产专用性的增强而增大。令 $E(k)$ 代表技术创新内部制度安排的治理成本，$M(k)$ 代表技术创新外部制度安排的治理成本，其中 k 代表资产专用性程度。当外部激励机制很强，即技术创新的资产专用性较低

[①] 参见［美］斯考特·E. 玛斯顿《交易成本经济学的实证研究：挑战、进展与发展方向》，载［美］约翰·克劳耐维根《交易成本经济学及其超越》，朱舟等译，上海财经大学出版社2002年版，第64页。

时，有 $E(0) > M(0)$，即采用内部制度安排的治理成本比外部安排高；反之，内部制度安排的治理成本低。令 $\Delta G = E(k) - M(k)$，由此可以得到如图4－1所示的外部制度安排和内部制度安排两种治理成本比较的曲线。

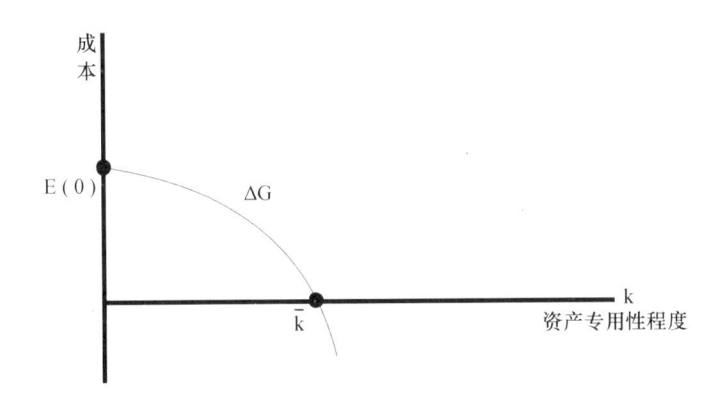

图4－1 技术创新中制度安排的两种配置成本比较图

当处于 $\bar{k}$ 点时，$\Delta G = 0$，说明技术创新的内部制度安排或外部制度安排所付出的治理成本相当，采用哪种方式是没有差别的。当处于 $\bar{k}$ 点左边，即资产专用性不强时，通过外部制度安排有效配置资源，将可以降低企业的内部治理成本，此时 $\Delta G > 0$；但技术创新资产专用性强时，即处于 $\bar{k}$ 点右边，则企业内部制度安排的治理成本低，即 $\Delta G < 0$，可以选择内部安排的形式来推动技术创新。为了更方便地看清它们之间的关系，我们用表4－1做出简要说明。

表4－1　　　　技术创新中制度安排两种配置成本对比

资产专用性特征	配置成本大小	制度安排形式
高	$\Delta G < 0$	以内部制度安排为主
低	$\Delta G > 0$	强调外部制度安排
不明显	$\Delta G = 0$	内部与外部安排的结合

以上分析尽管说明了技术创新制度安排治理成本与创新资产专用性的关系，但因只考虑治理成本一个因素，使决策过程显得过于理想化。因此，我们将释放部分假设，进一步分析更为复杂条件下的制度安排决策。

上述假定中，除把生产成本加入决策外，其余的假定仍保持不变。此时要考察的是内部技术创新的生产成本及外部技术创新的生产成本之差，用 ΔC 代表，它是资产专用性的函数，表示为 $\Delta C = f(k)$，假设 $\Delta C > 0$，那么，ΔC 将随资产专用性的增大而减小。

如果交易的新技术是标准化的，即所涉及的资产专用性低，那么，通过外部制度安排的方式进行技术创新有利于企业成本的降低，也就是说，当 k 很小时，ΔC 很大，此时企业自己进行创新活动，则相应的生产成本会很高。然而，如果这种新技术的独特性越强，即资产专用的程度越高，ΔC 将越趋于零，此时，继续采取外部制度安排的方式已没有成本降低的空间，并且也不一定能得到规模经济和范围经济的效应，因此，此时较适宜采取内部制度安排的方式进行技术创新。上述关系，我们通过图4-2的生产成本曲线（ΔC 线）表示。根据交易成本理论，我们不必对 ΔC 的最小值进行求解或单独分析，而是在最佳资产专用性既定的情况下，尽可能使 ΔC 与 ΔG 的和最小。由此，我们可以得到两种成本比较线相叠加形成（$\Delta C + \Delta G$）线，如图4-2所示。由图可知，当资产专用的程度越高时，（$\Delta C + \Delta G$）就越低。

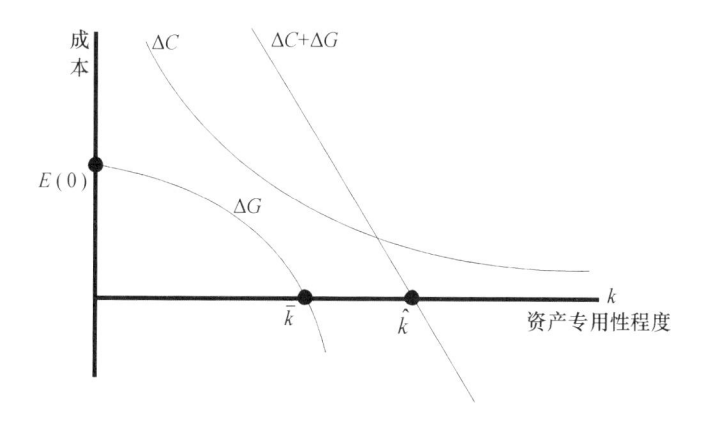

图4-2 替代成本与配置成本比较图

假如存在最佳资产专用程度，用 k^* 表示，根据图 4-2 可得出以下结论：

结论 1：当最佳资产专用程度极低时，即 $k^* \ll \bar{k}$，从生产成本和治理成本节约的角度看，采取外部制度安排将更有利。

结论 2：当最佳资产专用程度极高时，即 $k^* \gg \hat{k}$，由于外部制度安排的成本节约优势逐步丧失，而内部制度安排更能节约治理成本，因此，适宜采取内部制度安排的形式。

结论 3：当最佳资产专用程度处于中间水平时，即 $\bar{k} < k^* < \hat{k}$，由于两种制度安排的两种成本差额的差别非常小，企业宜采用混合安排的对策。

综上所述，基于交易成本理论及其分析方法，我们从定性的角度对企业技术创新制度安排有了较为系统的认识和理解，这既是交易成本理论应用范围的拓展，也可为企业进行相关决策提供参考。然而，上述分析主要还只是立足于技术创新某方面制度安排的决策，还没有进一步考虑制度间动态配置可能带来的成本增加或节约的问题，从而在一定程度上将会影响对相应制度安排有效性的判断。因为企业技术创新的制度体系及结构是由单个不同制度安排构成的，制度安排间是紧密相关的，在做出某一制度安排决策时，也将引起其他相关制度安排的不适应。此外，制度安排也是要消耗资源和支付成本的，某一特定制度安排的有效或成本的节约，也并不代表整体制度安排的有效或成本最低。因此，在前述研究的基础上，有必要就企业技术创新的制度体系及其制度的动态配置问题做相应的探讨。

第三节 企业技术创新的制度体系

有时候某项制度安排从抽象的意义上说可能是有利的，但如果参照其他相关制度安排，他会出现与其他制度安排的不相容或不适应。因此，在企业技术创新制度的研究中，应该充分认识到整个制度安排体系的复杂性。可以说，制度体系是制度安排的集中体现，通过它可以对涉及技术创新的各种制度有一个系统和全面的认识，可以更清楚地把握相关制度之间的相互作用和关系,也才能从整体上思考企业技术创新过程中制度安排的完善问题。

一 企业技术创新制度体系的主要特征

在制度经济学的分析框架中,制度的内涵是非常丰富的。在相关文献中,学者们从不同的角度,对制度(institution)给出了多样化的阐释。概括来看,代表性的观点有:凡勃伦把社会体系中大多数人的共同的既定的思维习惯作为制度的定义。康芒斯则认为,制度无非是集体行动控制个人行动。哈密尔顿指出:"制度意味着一些普遍的、永久的思想行为方式,它渗透在一个团体的习惯中或一个民族的习俗中……制度强制性地规定了人们行为的可行范围。"[①]青木昌彦概括了博弈论视角的三种制度界定后认为,制度是关于博弈重复进行的主要方式的共有理念的自我维持系统。哈耶克、科斯和诺思对"institution"的解释也各不相同。在哈耶克那里,制度只是社会秩序(social order)的一部分;科斯则把制度看作结构化的安排(structural arrangement),认为法律不包括在制度概念中;诺思眼中的制度指的是游戏规则(rules of game),但这样的界定使制度的含义显得很宽泛。总的来说,尽管学者们的观点不一,但从中可以看出制度具有社会性、历史性、公共性和稀缺性等特征。其社会性的特征说明,制度只有在协调人与人之间关系时才有存在的必要,而且其作用的发挥也要基于特定的社会及相应的时代;其历史性的特征表明,制度的形成、演变都反映了一定的历史背景和传统,是历史的产物,在不同的历史时期,功能相似或相同的制度安排,其表现形式和实施方式也会有不同;制度的公共性,一方面表现为其建立、实施和维护都需要所有行为主体共同努力;另一方面表现为在制度作用的范围内,使用制度的行为主体既受到制度的保护,也受到制度的制约;而作为一种资源,制度是稀缺的,因为建立制度所需的资源本身也是稀缺的,同时,制度自身的供给与需求总存在一定的不对称性,此外,某些专用性制度由于其适用范围有限而表现出一定的

---

① Walton H. Hamilton, "Institutionin" in Eduin R. A. Seligman and Alvin Johnson (eds) *Encyclopaedia of the Social Sciences*, New York: Macmillan, 1932, Vol. 8, pp. 84–89.

稀缺性。

由此看来，技术创新制度作为一种体系化的规则，它为技术创新行为主体的交往活动提供了基本的行为规范，为技术创新活动创造了良好的秩序。也就是说，技术创新的产生和持续，并不是某一制度安排的结果，而是一整套制度共同作用的结果。当我们用系统论的思想和观点来考察技术创新制度体系的时候就会发现，它是一个非常复杂的系统，是由若干个具有特定功能的、紧密相连和相互作用的具体制度安排构成的有机整体。它具有整体性、开放性和结构性的特征。

（一）技术创新制度体系的整体性

技术创新制度体系的整体性是指，它不是各种创新制度随意堆积的结果，而是它们按一定的目的、功能、范围等有机结合而形成的系统，其整体功能不等于每种制度功能的简单相加，它通常会发挥一些新的作用或实现 $1+1>2$ 的效应。此外，判断整个创新制度体系的作用和有效性，也不能仅从对某些具体制度安排的作用和有效性分析得出，必须分清它们在制度体系中的地位及相互关系，在了解各种创新制度安排特点和作用的基础上，把技术创新制度体系作为一个整体来研究，从局部与总体的关系和互动的过程中揭示和把握其运行规律，最终发挥促进企业持续进行技术创新的作用。因此，从整体性中可以看到技术创新制度体系的全貌及基本运行情况。

（二）技术创新制度体系的开放性

技术创新体系的开放性主要指技术创新制度体系能与创新制度环境中的各种资源等进行双向流动和交换，外部环境各种因素的改变会引起制度体系的改造，而制度体系的创新和演进也将促进制度环境的完善。开放性的特征说明制度体系是处在不断动态变化中的。制度变迁理论认为：制度不是给定不变的，它随着环境变化而变迁，制度各要素或结构往往随时间的推移和环境的变化而发生改变。技术创新制度体系的开放性使创新交易的各种信息不对称现象可以得到一定的消除，并能更好地应对技术创新中的各种不确定性、风险和无序的行为，保持体系的稳定和有序。所以，开放性是技术创新制度体系保持良好状态的基础，否则，体系将失去活力和发展的可能。

(三) 技术创新制度体系的结构性

技术创新制度体系内部各种制度安排之间总是以一定的结合方式联系在一起的，并通过相应的组织形式相互影响和作用，而这些组合方式和形式就是制度体系结构性的表现。结构性对于制度体系效能的发挥有着非常重要的意义，相同或相似的各种制度安排往往会由于结构的不同，最终功能的发挥甚至会有极大的差别。

二 企业技术创新制度体系的构成

制度对于经济主体行为的协调、规范作用反映了主体间交易在经济学上的本质；同时制度安排的现状是经济主体行动的出发点。根据交易成本理论，制度决定交易成本的性质和数量，即交易活动和行为效率的高低是由制度决定的。因此，不论是个人、组织，还是他们所进行的活动和行为，都会受到其所处的制度环境的影响。这对于企业的技术创新活动来说也是如此，即其行动和交易是否有效也要由一套制度共同决定。从世界各国把技术创新上升到国家战略，并加强相关创新体系的建设便足以看出技术创新制度体系的重要性。

所谓制度体系是指为达到某种目标而由各种制度安排构成的相互关联的一个集合体。从制度体系的特征及概念中可以看出，单个制度安排功能的有效发挥并不仅仅取决于它自己，还在于它能否和其他相关制度安排相互促进和互补，能否与整个制度体系保持动态协调，保持制度安排的低成本。否则，这一制度安排将难以运行，甚至将被排除到体系之外。

相对于人类行为的多样性和差异性，制度的稀缺性是十分显著的。也就是说，作为规范人类行为的制度安排总是不够的，其所能传递的信息也总是不足的。究其根本原因是，制度的建立、实施、维护和创新都是有成本的活动，在既定的条件下，制度需要消耗大量的稀缺性资源，然而，社会用于制度创新的资源是有限的，从而使制度的完善和发展受到极大的制约。因此，制度面临着如何实现优化配置的问题。另一个需要强调的是制度的系统性。即整个制度系统中的各种制度是一个有机整体，任何一项制度的安排都会受到其他制度安排的影响和制约。并且在制度集合内部，各个制度子系统及其中的各项制度安排会依据某种结构连接在一起。在特定的结构中，各项制度安排根据不同的功能，从不同的角度约束人们的行为，使制度能够有效地发挥作用。在既定的约束条件下，制度功能的发挥取决于制度系统的整体协调和制度结构的合理组织。

由于制度体系的构成是非常复杂的，一般会根据不同的标准对其构成进行划分。本研究将主要根据制度安排主体来源的不同进行划分，制度体系由企业制度和非企业制度构成。

（一）企业制度

科斯指出，企业是市场的替代，是相对于市场的一种制度选择。企业实际上是一个自成一体的制度体系，是由若干具体的制度安排构成的。西蒙认为，组织（企业）指的是一个人类群体中的信息沟通与相互关系的复杂模式。它向每个成员提供其决策所需的大量信息……还向每个成员提供一些稳定的、可以理解的预见，使他们能够彼此了解对方的行为及反应。[①] 企业制度也可以称为企业内部制度，它是指约束参与企业生产经营的各类成员的一系列规范。是"由企业内部权力机构制定和实施，主要在企业内发挥效用的制度安排"。[②] 这也就是说，只有企业成员之间有稳定的预期，才能建立起一种相互信任的关系，从而使技术创新决策富有成效和活力。而预期的形成需要有制度的安排。此外，虽然企业与市场是两种可以相互替代的制度，但与市场不同，企业是以行政约束为主的方式和辅以一定价格机制的方式而非完全价格机制的方式来配置资源。企业是一种科层结构的组织，内部各部门、单位的任务是不同的，为了实现组织的战略目标，整个机构的行动都要协调一致；然而，由于企业资源的有限，各单位在完成相应工作时，往往又存在一定的竞争性。由此，所有的问题都集中到如何协调上，而协调的问题又是需要通过相应的制度安排来实现的。在复杂的技术创新过程面前，更是需要一个有效的制度安排来解决其间的协调问题，通过成本的降低，实现创新绩效的最大化。

企业制度分为两类：正式制度和非正式制度。其中，正式制度是为了

---

① 参见［美］赫伯特·西蒙《管理行为》，杨砾等译，北京经济学院出版社1988年版，第9页。
② 董静：《企业创新的制度设计》，上海财经大学出版社2004年版，第350页。

规范企业组织成员在生产经营过程中的责权和行为方式而制定的一整套成文的规范。主要表现为：企业治理结构、人力资源激励制度、组织及其管理等相关制度。而非正式制度则是组织成员在长期的交往过程中，逐步形成的、对组织成员行为有影响和约束力的价值观、信念、风格习性等，主要体现在企业文化上。

在企业制度体系中，正式制度是非常重要的基础，具有强制性；非正式制度则是对正式约束的扩展和细化[①]，具有非强制性。在技术创新活动中，如果过分强调非正式制度安排的作用，往往会导致较复杂的交易难以实现，从而增加制度实施的成本。然而，正式制度也未必是一用就灵的，这是因为：一是企业内部制度的制定是有成本的，包括调研分析、设计和实施等成本；二是由于受正式制度制定者有限理性的限制，任何一个企业的正式制度都不可能是一种完备的契约，约束力也就有限，组织成员就可能出现机会主义行为的倾向；三是制度的制定和实施有一定的滞后性，包括成员的认知滞后、决策滞后、组织滞后等，使制度不能及时发挥其作用。所以，单靠正式制度的安排，有些成本是很难减少的。有时非正式制度作用的适当发挥，将有助于降低制度的形成、实施和保护成本。总之，唯有实现两种制度的协调，增强企业内部制度体系的互补性和有机性，才能提高制度体系整体的有效性。[②]

（二）非企业制度

非企业制度是相对于企业制度来说的，也可称为企业外部制度，它是由非企业主体制定和实施的，是一种能影响包括企业在内的所有行为主体交易行为的制度安排。其主要由政府和市场两种制度构成，包括产权制度、市场制度、金融制度、财税制度、社会文化制度等。

1. 市场制度

市场是最基本的经济制度，它包括交易规则、价格机制、市场主体法人化和要素自由流动等内容。按传统经济学的观点，它能为人们的各种交

---

① 参见卢现祥主编《新制度经济学》，武汉大学出版社 2011 年第 2 版，第 208 页。
② 参见王国顺《企业经营效率的理论研究》，博士学位论文，中南大学，2000 年，第 55 页。

易行为提供过程的秩序和稳定性,并与自愿参与交易的市场主体一起,通过所选择的生产方式和行为方式,完成他们最大化的交易愿望。市场是一只"看不见的手",它在参与者不知不觉的情况下协调他们之间的利益冲突,通过分工,使社会资源实现最优配置,实现专业化的最优效率。市场制度的有效运行以产权制度为前提,通过价格传导机制来传递市场信息,借助竞争机制来调节经济活动。价格机制和竞争机制是市场制度的基本特征。市场制度对于企业技术创新来说是非常重要的。主要体现在:一是私有产权制度是保证创新主体从事创新活动的根本前提,因为这将涉及创新主体创新收益能否获得的保障。所以,如果没有私有产权,企业的技术创新就要付出高昂的代价,甚至就没有办法持续开展。二是价格机制是企业衡量市场状况的重要依据,创新信息的获得、创新成果的转让、创新产品的市场化等都需要价格机制的协调。三是技术创新中的竞争是在所难免的。也正因有市场竞争,才使企业有了生存和发展的愿望与压力,也才会为争取更多的市场份额、拥有更多的竞争优势和核心能力而不断创新。否则,经济和社会发展将失去根本的动力。四是市场高风险高收益的机制通常能诱使创新主体甘愿承担创新风险。五是市场是企业家成长的摇篮。作为创新的发动者和组织者,企业家必须经得起市场的挑选,优胜劣汰是市场机制永恒的法则。六是市场把技术创新是否成功的决定权交给了消费者。这就要求企业不断创新产品和服务来满足消费者日益变化的需求。七是由于市场是有社会性的,所以,在不同的社会制度、文化背景、习俗观念的条件下,其功能的发挥会表现出不同的情形,从而对技术创新会产生不同的效应。

2. 政府制度

由于市场交易过程中的外部性、信息不对称、垄断等原因,市场也会有失灵的时候。比如:技术创新外部性的存在,使基础研究的投入不足。在此情况下,就需要另一种制度安排来弥补市场出现的缺陷,政府正是充当了这一制度供给的主体。在信息不对称、市场竞争不完全或创新动力不足等情况下,政府这只"看得见的手"可以通过设计支持技术创新的相关制度,积极地对市场进行引导和干预,进而促进企业技术创新动力和能力的提升,以及效率和效益的实现。

与市场制度自发性相比，政府制度则是一种强制性的制度安排，它通过专有权力来强制资源的配置和各种关系的构建及协调。也就是说，政府干预得当，强制力将有利于交易成本的节约，否则，就会产生负面的效应。与企业制度的强制性不同，政府制度安排涉及的范围广、影响深、持续时间长。如果制度安排有失误和不合理的地方，将会给整个经济社会带来极大的负面影响，而消除这类影响的成本也会非常高。所以，政府干预手段在企业技术创新中的使用一定要非常审慎。只有在充分了解、分析和把握企业技术创新现状、问题和创新各种影响因素之间的关系，以及学习、借鉴和评判各种环境变化及发展趋势的情况下，才能做出合理的制度安排。

在技术创新过程中，政府的制度安排一般有两种：保护性制度和生产性制度。前者是指政府为维护和保证市场制度的正常运转，充分发挥市场制度的创新促进作用而设计的各种制度。而后者是指政府在市场无法发挥作用的情况下，为促进创新而做出的主动性安排。如果把这两种制度安排看作政府职能的两极，越靠近保护性制度，说明经济越倾向于市场化；反之，越接近生产性制度，则计划性越强。[①] 所以，政府对技术创新的制度安排必须在这两极中找到平衡点。

通过上述分析可以认识到，企业技术创新的制度安排是一项复杂的系统工程，衡量制度安排的有效性不能只看某个制度是否有效，而是要从企业内外制度的安排、内部制度之间的协调、外部市场制度与政府制度的配合等方面来进行评价。

---

① 参见董静《企业创新的制度设计》，上海财经大学出版社2004年版，第125—126页。

第五章　企业技术创新的制度安排:国际比较

回顾人类生产力的演进和各国技术创新的发展历程可知,技术创新对社会进步、经济增长的促进作用越来越突出。而20世纪90年代以来美国、日本等国家的高技术产业和企业的发展,更让我们认识到技术创新在提升国家和企业竞争力方面的地位。进一步反思则发现,这些国家企业的技术创新之所以走在世界前列,关键在于有一套促进技术创新的制度体系,政府和企业都特别重视技术创新过程中的制度安排。所谓"他山之石可以攻玉",在此,本研究将重点对两国在发展高技术企业技术创新方面的制度安排经验和教训进行概括和分析,以期为中国企业技术创新的外部制度安排提供借鉴。

第一节　美国企业技术创新中制度安排的特点及其影响

一直以来,无论是美国政府还是产业界都非常重视技术创新活动,尤其是20世纪90年代以来,美国通过各种制度安排,在引导高技术企业技术创新方面卓有成效,不仅使美国获得了10多年的持续高速增长,而且在进入21世纪后,依然保持世界高技术领域领头羊的地位。以下就其在高技术企业技术创新的制度安排及其特点方面进行相应的探讨。

一　有完善的法律保障体系

由于小企业占美国企业总数的近99%,提供了全美差不多一半的技术创新成果。所以，美国特别重视法律方面的建设，以促进小企业的技术创新和转移，支持高技术产业的发展。这些法律法规包括：为小企业提供公平竞争机会、创造有序竞争环境的《谢尔曼法》《克莱顿法》《联邦贸易委员会法》《鲁宾逊－帕特曼法》等；为激励小企业进行自主投资、主动开展技术创新的《小企业法》《小企业融资法》《小企业投资公司法》《小企业技术创新开发法》《小企业发展法》《小企业股权投资激励法》《小企业基本法》《小企业投资改进法》《小企业投资公司技术更新法》等。比如，在联邦政府机构签订的研发项目合同中，小企业要占有一定的比重，并用法律做出最低比重大小的规定。为了保护高技术领域的知识产权，美国在软件、信息、生物、新材料等领域制定了相应的法律，如1984年的《半导体芯片保护法》《半导体集成电路配置法》和1993年的《高性能计算机与高速网络应用法》等，很好地保护了高新技术企业创业者的利益。可以说，上述这些法律法规为美国小企业的技术创新和发展提供了强大的法律制度保障。

二 研发投入和支持力度大

美国于1958年颁布的《小企业投资公司法》规定，公司创业投资投向高技术的，投100万可得到40万的政府贷款，这种资金援助制度的贷款基金来源于财政预算。而20世纪70年代的《研究与发展法案》规定，将企业利润投向高技术发展的，其投入的部分可免税。90年代以后，克林顿政府打破政府不直接干预高技术产业发展的惯例，在保证基础研究的投资外，还特别重视民用高技术的研发投入，仅联邦政府资助的投入就占总费用的三成以上。此外，推行加速折旧，实行特别的科技税收优惠以及对企业科研经费增长额采取税收抵免等。例如，根据1993年《综合预算调整法案》，克林顿政府对近90%的小企业减税。另据经合组织调查显示，1985—1995年在美国的产业研发投资中，高技术产业的比重从8%上升到19.5%。[①] 美国联邦资助历来是基础研究的主要资金来源，据美国国家科学基金会（NFS）统计，2006年联邦资金在高技术企业的投入占到

---

① 参见陶然《美日发展高新技术产业的政策比较》，《当代财经》2003年第7期。

基础研究资金的59%，2007年美国国家研发支出实际增长了5%。

三　突出风险投资的重要地位

20世纪60年代起，美国实行风险资本促进高技术企业发展的政策，允许养老、退休等基金部分进入风险投资市场。在《小企业投资公司法》的促进下，一些保险公司和金融机构纷纷加入风险投资的行列。70年代后期，由于计算机技术的迅猛发展，加上政府的高度关注，许多大公司、大银行和各种民间基金组织也纷纷到计算机技术领域进行投资，从事与电子信息等相关的研发活动，从而极大地推动了美国高技术产业的发展。进入80年代后，政府进行税制改革，调低风险资本市场的长期风险资本收益税率，从1978年的49%下调至1981年的20%，使美国的风险投资额大幅度增加，从1978年的不足5.7亿美元，增长到1996年的100亿美元，极大地满足了此间美国高技术企业技术创新和发展的资金需求。[①] 此外，美国政府还通过信用担保、政府采购等办法鼓励风险投资对高技术企业的支持，并予以各种优惠条件减少高技术企业技术创新的投资风险。

四　发挥政府采购的积极作用

实践表明，政府采购在高技术企业起步阶段有着特殊的作用，甚至可以超过政府的直接资助。由于高技术企业面临技术创新外部性、信息不对称和市场不确定性的问题，通过政府采购，不仅可以稳定市场，减少创新企业收益的溢出，还可以帮助创新企业分担部分风险，起到示范效应。这对处于新兴领域的创新企业来说尤其重要。

美国的政府采购制度最初主要用于与国防有关的高技术方面，也正是这一制度，对美国的高技术企业的技术创新产生了巨大的、积极的影响。比如，美国国防部和宇航局曾一度采购了全国的半导体产品；美国联邦分别在1955年和1960年采购了40%与50%的半导体产品。这些都为半导体在较短的时间内实现产业化，并促进相关领域的快速发展起到了非常重

---

① 参见陶然《美日发展高新技术产业的政策比较》，《当代财经》2003年第7期。

要的作用。此后，美国政府采购制度从国防领域逐步走向民用领域，同样也收到了非常好的效果。比如，在计算机产业形成阶段，政府采购占到大型计算机销售的80%。这种示范效应不仅吸引了大量的创业投资对该产业领域内的技术创新进行大规模的投入，而且保持了计算机产业的持续创新和长远发展。

五 有效的企业制度安排

硅谷的崛起可以让我们看到企业制度安排在技术创新中的作用。第二次世界大战后，美国国防技术的发展使高技术相关领域和企业获得了非常好的发展机遇，最初硅谷和128公路地区都是因国防和政府采购订单而得到了发展。然而，由于硅谷在获取政府订单方面的关系成本比128公路地区的高，所以，转而采取自己开拓市场的制度安排，创造了巨大的民品市场，成为20世纪90年代以来全球最著名的高技术经济区。具体来说，是其有效的企业正式制度和非正式制度的安排促使它获得成功。

第一，正式制度安排主要表现为：一是所有权制度的安排体现所有员工有权分享企业利润和持有股票期权，强调团队中公司剩余控制权方面的作用。二是采取扁平化的网络式组织结构形式，建立了有效的信息沟通和传递机制。三是管理制度与所有权制度安排相匹配，极大地激发了员工的创新能力。

第二，非正式制度安排主要体现在：一是拥有技术创业和技术守业的观念，有利于技术创新核心专有知识的积累。二是个人自由创新和容忍失败的精神，提升了抗风险和压力的能力。三是鼓励竞争者之间的交流，有利于培养信任的合作关系。四是明确灵活性团队的创新主体地位。

第二节 日本企业技术创新中制度安排的特点及其影响

一 强调产业政策的龙头作用

第二次世界大战后，日本学者对本国经济发展状况和相关经济发展理论研究后认为，日本经济的发展离不开"看得见的手"，并且提出产业政策的概念，指出政府干预重点应放在产业引导、规制建立等上。在这样一种思想的引导下，日本高技术产业获得了快速的发展和壮大，形成了独特的"引进—消化、吸收—创造"的发展模式。20 世纪 50 年代前半期，日本制定了产业合理化政策，即通过设备更新和技术改进来促进基础工业成本降低的政策，先以钢铁、煤炭、电力和造船四大产业为重点，通过出台提高技术、改造设备和降低成本的相关产业政策，大力刺激民间企业对现代化设备的投资，使劳动生产率得到很大提高。70 年代，政府开始将更多的注意力转向高技术产业的发展，并把在原有产业中积累起来的技术创新制度安排方面的经验应用到高技术产业。在日本，政府始终认为研发的主要主体是企业，政府的投入应该主要放在民间力量难以取得进展的基础研究和一部分应用研究中。于是，日本通产省建立了 7 个全国性的研究开发机构，各都道府县则根据各地实际建立各自的工业技术中心，建立产学官三位一体的"流动科研体制"。从 80 年代开始，政府大幅度增加科技投资，每年从预算中拨专款用于工业技术中心、中小企业研究开发、产学官共同研发事业等，主持或参与重点科技领域的科研项目，以期促进高技术产业的发展。

二 重点领域的研发投入逐步提升

据日本总务省《2008 年科学技术研究调查结果概要》，2007 年日本研究经费总额为 18.9438 万亿日元，比 2006 年增长了 2.6%，连续 8 年呈增长态势。从不同研究阶段看，开发研究费为 11.0641 万亿日元，占自然科学研究费总额的 63%，应用研究费占 23.2%，基础研究费占 13.8%，比 2006 年分别增长 1.2%、7.6% 和 1.7%[①]，近 10 年来的占比基本保持平稳。此外，从重点领域的研发费看，也是逐步在增加，主要投向信息通信、生命科学、环境、纳米技术及材料等，具体见表 5-1。

---

① 参见日本总务省《2008 年科学技术研究调查结果概要》，转引自张伟等《日本民生科技发展战略和政策支持体系：经验与启示》，《科学管理研究》2010 年第 28 卷第 4 期。

表 5-1　　　　2005—2007 年日本重点领域研究费　　（单位：亿日元）

时间	重点推进领域				
	生命科学	信息通信	环境	纳米技术和材料	
				物质材料	纳米技术
2005	23530	28011	8942	5764	1931
2006	25554	29253	9804	6254	1984
2007	26901	31513	10771	7007	2260

资料来源：日本总务省：《2008 年科学技术研究调查结果概要》，转引自张伟等《日本民生科技发展战略和政策支持体系：经验与启示》，《科学管理研究》2010 年第 28 卷第 4 期。

三　综合使用各种制度和政策

重视法律在促进高技术企业技术创新中的强制和激励作用。1947 年颁布了《禁止个人垄断及确保公平交易法》和《经济力量过度集中排除法》，作为战后日本经济民主化政策的重要内容，它为解散财阀、消除过度集中、调整产业结构、扶持特定产业发展以及日本经济腾飞奠定了坚实的基础。20 世纪五六十年代，日本先后制定了一系列相关法律法规，支持中小企业技术创新，如《振兴电子产业临时措施法》《筑波研究园都市建设法》《高新技术工业智密区开发促进法》《技术城法》等。1995 年出台《科学技术基本法》，为科技发展提供了根本依据。

日本的相关政策积极鼓励更新改造，针对 60 年代前后企业设备严重落后的现实，法律规定对企业现有设备采取"强制报废、政府收购"的方式，加快了企业设备更新。90 年代末以来制定了创立生物技术产业基本方针、《新事物创造促进法》及《产业活力再生特别措施法》等，其中，《产业活力再生特别措施法》是日本政府运用高技术改造传统产业的系统政策的体现，通过计划、指导、资金、税收、就业等政策措施，支持了中小企业基于创新的创业活动，开展了更多的技术研发，促进了成果转化，为减少传统产业改造中的成本创造了制度环境。[①] 此外，对有关产业

---

① 参见蒋敏《国外高新技术产业开发区政策法规》，载厉以宁主编《中国高新区论坛之一：地位、作用与开发经验》，经济科学出版社 2004 年版，第 203—209 页。

技术研发活动，政府通常给予减免税收的优惠，如 1985 年制定的《促进基础技术开发税制》和《关于加强中小企业技术基础的税制》中规定，企业用于购置基础技术（包括尖端电子、生物、新材料、电信及空间开发等技术）开发的资产免税 7%，对中小企业研发和试验经费免税 6%。

四　重视企业技术创新学习机制的构建

在竞争性行业，日本企业一直扮演着主角，政府主要起到创造企业技术创新的各种条件和对企业技术引进的引导作用，从日本的赶超过程中可以发现，日本企业的技术创新能力在不断提高，原因是它拥有一系列鼓励企业成员学习新技术的机制，主要表现在：一是通过了对员工专用性岗位技能的培养、产权的人力资本激励机制和团队化的组织体制。二是形成了技术创新显性知识与隐性知识相互促进和不断推进的创新知识创造与转化的机制。三是建立良好的大企业与中小企业间的分工和协作，以及知识共享的体制，从而，减少了国内市场企业间的无序竞争，推进了技术的消化吸收和创新。

第三节　借鉴与启示

按新制度经济学的观点，制度是具有公共性的契约，其功能在于可以降低技术创新的各种成本，也就是说，无论是政府主导的外部制度安排，还是企业主导的内部制度安排，都为新产业的形成和发展以及企业的技术创新和发展提供了低成本的交易环境。这一点，可以从上述美国和日本的企业技术创新制度安排分析中看到，也值得进一步深入剖析。

一　两国企业技术创新中制度安排的异同比较

（一）共同之处

（1）两国都是在一个开放的系统中进行技术创新制度安排的，在制度安排中，能正确认识继承和借鉴的关系，既保持相关制度内在的关联性，又强调实施的一致性和连续性。

（2）政府在技术创新制度安排中扮演着重要的角色，都体现出政府的积极和适度干预,两国政府都特别关注技术创新制度的设计和供给,并与时俱进、因地制宜地进行调整。

(3) 整体有效的制度安排是各种制度协同作用的结果。

(4) 都有极富两国特点的、能激发企业持续技术创新的思想文化。

(二) 不同之处

(1) 技术创新制度安排上的指导思想有一定的不同,导致技术创新关注的领域有差异。美国在20世纪70年代前主要涉及国防领域的基础研究,开发和应用研究的技术更多是依靠国防技术的溢出效应来实现的。70年代末以来则将更多的精力投入到开发研究领域,1997年用于开发的研发支出占美国研发总支出的57.8%,2007年占到60%以上。而70年代前日本则以科技成果的应用为主,民用技术、工艺设计和生产流程等的开发在日本占据着核心地位;从吸取半导体霸主地位丧失的教训中,日本从70年代起开始加强其对基础研究的制度支持,在此方面的研究经费也在不断增加,1997年用于基础研究的经费为2.072万亿日元,2007年为2.3756万亿日元。

(2) 推动技术创新的模式不同。美国通过大型科学项目的实施来推动;而日本则通过大型技术项目的应用来推动。

(3) 研发经费来源及其结构有差异,相对来说,日本民间企业投入比美国的投入高一些。日本的研究经费主要来源于民间企业,所占比重非常高,2007年,来自民间的经费占日本研究经费总额的82.2%,中央和地方政府占17.4%[①];而美国产业界的投入占66.6%,联邦政府占26.7%。[②]

二 制度安排对技术创新成本的影响

制度与人的动机和行为有着内在的紧密联系,制度一旦建立,就决定

[①] 参见日本总务省《2008年科学技术研究调查结果概要》,转引自张伟等《日本民生科技发展战略和政策支持体系:经验与启示》,《科学管理研究》2010年第28卷第4期。

[②] National Science Foundation, Division of Science Resources Statistics, *New Estimates of National Research and Development Expenditures Show 5.8% Growth in 2007* (http://www.nsf.gov/statistics/infbrief/nsf08317/).

了各类行为主体从事相关活动的机会和成本。也就是说,制度如果能得到合理的安排,其将发挥降低企业技术创新成本的作用,反之,则不利于企业技术创新活动的开展。

(一) 合理的制度安排所带来的技术创新成本的降低

以美国为例,首先,美国的技术创新制度体现的是在宪法秩序下所界定的约束企业技术创新主体创新交易行为的一系列规则,其中包括许多有关减少技术创新外部性方面的法规,如知识产权保护方面的。在新中国成立之初,美国宪法就有明确规定,联邦政府有责任"为促进科学和有用的艺术的进步,确保作者和发明者在有限时间内对其作品和发明的专利权"。并且"制定重量和尺度标准"。① 所以,完备的法律法规对技术创新行为主体在交易过程中的外部性、信息不对称等方面的问题有很好的抑制,从而降低了技术创新相应的交易成本。其次,美国的税收、财政、风险投资等其他政策又从另一个角度刺激企业技术创新,这些激励机制不仅有利于促进合作,实现多赢,而且给企业提供和创造了技术创新的动力。比如,克林顿政府技术贡献最大化政策与以往的政策制定有很大不同,强调技术创新制度的一揽子效应,认为"只有私人部门具有管理新技术的开发并使之市场化这一复杂过程的技能和能力,同时承认政府在提高私人部门的能力方面发挥着极其重要的作用"。② 在20世纪90年代,一项新发明市场化的成本可能会达到研发成本的10—100倍甚至更高,联邦政府采取直接介入的方式保证了技术成果的商业化过程,也使得美国拥有了强大的技术基础。最后,美国社会所倡导的自由竞争、市场万能的理念,使其相应的技术创新制度安排主要涉及私有产权的保护和市场经济规制的制定。但随着社会、技术的演进,人们在经济活动和交往中的竞争与合作意识和行为得到了不断增强,美国政府也开始制定各种鼓励技术创新中企业间合作、产学研合作、政府与私人部门间合作的政策,进一步强化了这种社会风气,从而带来了资源优化配置、避免技术创新中的重复试验造成的

---

① [美]国家科学技术委员会:《技术与国家利益》,李正风译,科学技术文献出版社1999年版,第26页。

② 同上书,第50页。

浪费等好处。也就是说,非正式制度的安排同样也有利于企业技术创新成本的节约。实际上,无论美国还是日本,它们都通过正式或非正式制度的安排,为企业技术创新提供了一个低成本的创新环境。

(二) 制度安排缺陷带来的技术创新成本的增加

事实上,美国、日本的技术创新制度安排也不是完美无缺的,都或多或少地存在一些问题。以日本为例,作为一项制度安排,"引进—消化、吸收—改进"的技术创新模式在日本经济起飞后的很长一段时期都发挥出非常好的效应。然而,由于受日本当时所处的经济发展阶段和其技术发展战略目标的限制,这种模式在后来的技术创新中产生了一种路径依赖,导致了相应的技术创新成本增加。具体来说,20世纪50—70年代,需要创新的产品、工艺等主要集中在传统行业和领域,而这些产品或技术一般寿命周期都较长,对于采取模仿方式进行创新活动的创新主体来说,通过足够时间的学习,通常可以有一段时期的模仿收益。也就是说,这种技术创新模式发挥功能的前提条件是:产品寿命周期足够长,远远超过模仿学习所需的时间。同时创新主体还能对原有产品进行更好的改进和品质的提升。所以,日本运用这种模式加上国内各种创新制度和思想的支持,可以说是大获成功。然而,90年代以后,随着全球产业结构的调整,技术创新的主战场发生了很大的变化,信息技术、服务业和一些新兴领域创新产品的更新速度加快,难度更大,仅是模仿已远远赶不上这样的步伐。由于日本一直都专注于工艺、生产流程的技术创新,在基础研究领域或技术开发领域投入较少,使其在面对美国等发达国家技术转移控制的情况下,引进技术的难度加大,原有的创新模式受到了前所未有的挑战,日本面临持续创新动力不足的问题。尽管日本政府在80年代就提出"技术立国"的战略,也加大了相应的投入,90年代中期还专门制定了《科学技术基本法》,但在短时间内获得非常大的突破是非常困难的。实际上,根本原因就是原有模式产生的锁定效应及高昂的转换成本,包括物质方面、时间方面和观念方面的转换成本。

三 几点启示

综上所述,从美国、日本等国推动企业技术创新的制度安排中可以看出，制度创新对技术创新的促进作用。通过有效的制度安排，可以构建一个低成本的创新环境，这不仅能减少技术创新的外部性，给企业提供无穷的创新动力，还可以缓解创新过程中的有限理性，有利于创新主体创新能力的提升。总结经验和教训，有如下几方面的启示。

（一）政府对企业技术创新的干预应体现适度性和动态性

重视政府对技术创新的干预作用，要强调适度干预，即干预的领域要有重点、有选择，干预的手段、政策要随经济、技术发展的变化而进行调整。比如，美国在企业技术创新相关外部制度安排上体现着从基础研究领域到开发研究领域的选择及变化。而日本则突出基于产业选择的政府干预范围的转变等。这些适度和动态的制度安排都让我们看到政府干预演变所带来的积极效应。

（二）政府有关企业技术创新的制度安排体现一致性和持续性

让有关企业技术创新的制度安排保持连贯和持续性，并有所发展，不能因为政府领导人员的变化而出现大的调整，这一点非常重要，它将有利于企业技术创新配置成本的降低，保证技术创新的长久性。比如，美国从卡特总统开始就采取了包括产业结构与竞争管制、联邦专利与信息政策、公共采购政策、研发的政府直接援助政策、减免税政策等来激励企业技术创新；里根政府和布什政府在继续前任政府相关政策的同时，里根还特别强调帮助企业建立合作研究关系，税收减免的力度更大，制定颁布了许多推动小企业技术创新、发展和促进技术转移的法律法规，而布什则强化政府职能部门在重大技术创新活动和技术问题上的协调与联邦政府技术创新制度安排的力度；克林顿政府的政策更强调制度安排的整体性，确定了一项让技术对经济增长、国防、就业、改善生活质量等的贡献最大化的政策。

（三）吸引民间资本参与企业技术创新的制度呈现多样化

要采取多种方式积极引导民间投资参与企业技术创新活动。比如，美国风险投资市场的建立和发展及其对企业技术创新的推进、硅谷的崛起等，都说明民间资本的重要作用。日本则是由于它特有的应用型技术创新模式，吸引了大量的民间投资，使企业技术创新活动在国家、企业和民间利益得到较好统一的基础上持续进行。

(四) 强调和突出各种制度安排的适应性与协调性

在支持企业技术创新及创新成本降低的过程中，要关注相关技术创新制度安排的适应性，对制度进行有效配置。一般来说，在给定的行为约束条件下，有限理性的行为主体总会以追求自身利益最大化为目标。制度安排作为一种约束集，一方面提供有效信息，使技术创新行为主体对其行为做出合理预期，降低不确定性和减少社会经济中的交易成本，促进合作；另一方面则可以为行为主体提供激励，保证合理收益的获取，抑制机会主义行为的产生。当然，如果要有效发挥制度调节技术创新行为的上述功能，在建立和使用过程中，必须对制度进行优化配置。从前述美国和日本制度安排对技术创新成本作用的分析中可以看出，任何制度安排都是有前提的，都需要有一定的适应性，即任何政策、措施都要适合当时的社会经济环境，尤其处在一个高度开放的环境下，技术创新的制度安排更要强调前瞻性和制度的动态配置，充分体现出各种制度之间的协调、企业内部和外部制度安排的协调、整体制度安排与发展环境之间的适应等。只有实现制度安排的整体协调性，才能更好地发挥制度供给及制度体系在降低企业技术创新成本方面的功能，实现企业技术创新的良性循环。

(五) 采取各种方式避免非正式制度安排的滞后性

在企业技术创新过程中，一定要明确非正式制度安排对企业技术创新的推动作用。新制度经济学家认为，正式制度安排只有得到社会认可，与非正式制度安排相容的情况下才能发挥应有的作用。对于较为活跃的技术创新过程来说，正式制度和非正式制度的安排都会出现一定的"滞后"，而后者则表现得更为突出一些。非正式制度安排有可能由于技术变迁过程的推动而较快更新，但也可能由于外部示范、移植先于正式制度安排而形成，并构成对正式制度安排的压力而缩减时滞。如果非正式安排适宜于组织的技术变迁状况，则将进一步降低技术创新的成本。比如，美国硅谷通过创业精神和文化的传播与倡导，不仅顺应了全球新技术革命的浪潮和新兴产业发展的要求，而且与当时美国政府关注的开发应用研究领域相契合，获得了非常多的政策支持，最终成为有效制度安排的成功典范。日本战后经济的起飞除了与日本产业战略确立和相关政策措施的实施有很大的关系，更重要的是日本全社会具有的思想观念和意识，对于技术创新的推动也是非常巨大的。与美国不同，日本是一个岛国，资源和地理条件的原因，使日本国民历来都有一种强烈的生存意识，而且个人对团队的依赖性非常强。所以，其价值观和文化意识中天然地就带有内部和谐、忠诚、节俭、务实等心理和元素，然而这些价值观念对战后日本的重建和经济的振兴是不够的。于是，注重人性、追求新知的思想被引入日本的思想文化中。从而出现了战后日本全民团结一心恢复经济时期特殊的状况：很多人毫无怨言地拿着极少的工资却干着世界上日工作时间最长的工作。而这些也都成为后来日本在技术和经济上能腾飞的重要影响因素。

第六章 企业技术创新的制度安排：中国现实

中国企业技术创新是伴随着经济体制改革的深化而获得长足发展的。然而，近年来中国企业技术创新也出现了创新动力不足、创新效率低下、创新效果不显著等问题。透过现象看本质可以发现，出现这些问题主要是技术创新中的制度作用没有得到有效的发挥，表现在企业的内外部制度安排存在一定的不足和缺陷，缺乏适宜的制度配置机制等。而究其根本原因在于：无论政府还是企业，过去更多关注的是技术创新的物质成效，忽视了技术创新过程中制度安排的成本问题，尤其是配置成本的问题。基于此，研究我国企业技术创新制度安排，无论对国家创新体系的构建，还是对完善企业技术创新体制机制、推动企业技术创新的持续开展都具有非常强烈的现实意义。前述对技术创新中制度安排进行的理论研究，为分析中国企业的现实问题提供了相应的理论基础。

第一节 中国企业技术创新的制度安排：发展历程

回顾中国企业技术创新过程中制度安排的发展历程，可以让我们对其情况有一个总体认识，为研究制度安排中存在的问题提供相应的基础。概括来说，中国企业技术创新的制度安排经历了以下三个阶段的演进，每个阶段都有鲜明的历史背景和时代特征。

一 中国企业技术创新转型阶段的制度安排（1978—1985年）

本阶段的主要标志是：1978年3月全国科学大会和12月十一届三中

全会的召开。此阶段的主要特征为：伴随着计划经济体制向市场经济体制的过渡，中国企业的技术创新也从高计划性逐步走向市场化，逐步从国防领域转向经济领域。

新中国成立后，如何尽快地强大起来成了当时政府工作的重点。根据当时经济社会发展的特殊情况，毛泽东提出："资本主义各国、苏联，都是靠采用最先进的技术，来赶上最先进的国家的，我国也要这样。"[①] 正是在这样的思想指导下，中国走上了政府主导下的科技发展之路，形成了独特的企业技术创新体制，即高度的计划性。在这样的体制下，一方面，通过政府的统一调配，使有限的资源用到了国防、基础工业等的发展上，取得了举世瞩目的成就，为社会经济的恢复和发展打下了基础；另一方面，这样的技术创新体制也使企业技术创新的主动意识、活力和市场观念受到了束缚。

然而，计划经济体制下的企业技术创新在20世纪70年代末遇到了挑战。从世界新技术发展的趋势看，几乎所有的学科领域都发生了深刻的变化，新技术成果的应用使社会生产力得到了极大提高。进入冷战时期，国与国之间的竞争已由单一的军事领域竞争逐步转向经济社会多领域的竞争。反观中国国内情况，"文化大革命"十年不仅使经济发展、企业的技术创新受到了抑制，同时也使人们的思想观念产生了扭曲，与发达国家相比，许多方面的差距进一步扩大，中国面临不同于新中国刚刚成立时更为艰巨的困难和挑战。也正是这个时候，中国的全国科学大会和十一届三中全会分别于1978年的3月和12月召开了，邓小平提出了"科学技术是生产力"的论断，并号召把全党的工作重点转移到社会主义现代化建设上来，这让中国的技术创新事业翻开了崭新的一页。

自1978年以后，中国经济、政治体制改革由此也迈开了新的步伐，中国企业的技术创新迎来了新的契机。1982年和1984年中国政府分别颁布的《商标法》和《专利法》以及关于引进技术享受减免税的政策等一系列促进企业技术创新的法律法规，为企业技术创新活动的开展提供了一个新环境。而对外开放的基本国策，也使企业通过技术引进、合作经营等

---

① 《毛泽东选集》第8卷，人民出版社1999年版，第103—148页。

方式拓宽了技术创新的视野，引入了公平竞争等新的价值观念，并不断构建和增强着技术创新过程中的各种机制与体制。此外，企业自主经营、自负盈亏的市场竞争主体地位的确立，也使企业活力得到了极大释放，企业技术创新活动也开始主动面向市场。这种历史性的转变和全面性的改革，使企业技术创新的内外机制都发生了改变，为企业技术创新的转型奠定了社会、经济和思想基础，为激发企业创新的积极性提供了保障。总体来看，这个阶段主要是企业外部制度安排在降低企业技术创新转型成本方面发挥了极其重要的作用。

二 中国企业技术创新探索阶段的制度安排（1986—1996年）

本阶段的主要标志是：1986年3月"863"计划的启动，1988年"火炬计划"的实施，1992年邓小平的南方谈话，以及1995年"科教兴国"战略的提出。此阶段的主要特征为：企业创新主体地位的确立，中国企业技术创新所涉及的范围和领域在逐步扩大，发展速度在逐渐加快。

在此期间，中国的社会主义市场经济不断完善，市场对资源的配置作用日益显现。在国家发展战略逐步转变为有较强经济指向的结构调整战略背景下，政府对技术创新的干预方式从主导逐步转变为引导，更加注重技术创新过程中制度安排的多样化，使企业的技术创新能力和竞争力得到了相应的提升，突出表现为外部制度进一步完善。政府主要实施了包括法律、科技、金融等方面的体制改革，积极推进技术市场、资本市场、人才市场等的建立及完善，以及加快国有企业的股份制改造。这不仅形成了有利的外部激励环境，还为技术创新主体的创新能动性提供了产权制度基础。具体表现在如下几方面。

一是完善相关法律法规。比如，1993年10月开始施行的《中华人民共和国科技进步法》，是新中国第一部科学技术基本法，其中确定了推进科技进步的主要制度。包括开放技术市场制度，加速科技成果推广应用制度，推进企业技术创新制度，高技术研究和高技术产业制度，基础研究和应用基础研究制度，科技工作者制度，科学技术奖励制度，科学技术投入制度（明确规定：企业研究开发经费应占国民生产总值适当的比例，并逐步提高；国家财政用于科技经费的增长幅度，高于国家财政经常性收入的增长幅度等）等 11 个方面。1987 年出台《技术合同法》及相应条例等。

二是加大财税、金融、科技管理、政府采购的力度，制定相关政策扶持和促进企业技术创新。图 6-1 显示的是 1978—2002 年中国平均每年发布的技术创新政策数目。

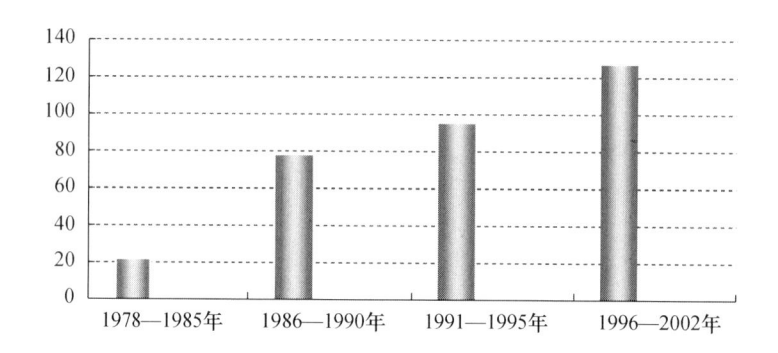

图 6-1　1978—2002 年中国平均每年发布的技术创新政策数目（单位：数）

资料来源：中国科技发展战略研究小组：《2003 中国科技发展研究报告》，经济管理出版社 2004 年版，第 54 页。

三是建立高新技术产业试验区。1988 年北京市新技术产业开发试验区建立。同年，"火炬计划"实施。1992 年在全国建立 52 个国家级高新技术产业开发区。1993 年区内高技术企业接近 1 万家，创造利税达 74.45 亿元。[①]

四是支持民营科技企业发展，形成了一支技术创新的新生力量。以 1996 年为例，民营科技企业的数量达 46488 家，总收入 3779 亿元，从事科技活动的人员达 81 万人，科技活动经费为 197 亿元，技术性收入 223.83 亿元。[②]

[①] 参见中国科技发展战略研究小组《2003 中国科技发展研究报告》，经济管理出版社 2004 年版，第 4 页。

[②] 参见刘晓明等《中国改革开放 30 年科技型中小企业的创新与发展之路》，《中国科技论坛》2009 年第 7 期。

五是按照"放开一片"的要求,鼓励各种类型的技术创新合作,进一步推动科技成果商品化和产业化的活动。比如,鼓励各种科研机构实行技工贸一体化的经营,或者采取与企业合作开发的方式进行技术研发和创新活动,鼓励技术入股,等等。

六是企业技术创新的导向和关注点在逐步发生转变。概括而言,就是从改革开放初期的数量导向逐步转向创新的质量导向,更多关注的是企业技术创新的长期效应而非短期业绩。这从1996年启动的《技术创新工程》中也可见一斑,该工程其中强调的重点就是要提高企业的技术创新能力。

总体来看,此阶段政府的很多举措都是"摸着石头过河",在企业技术创新方面更多的是一种新尝试。但由于政府出台了很多法律法规、优惠政策和条件,进一步完善了创新制度体系,为技术创新的市场化运作和研究成果及技术成果转化奠定了制度基础。同时,引导企业从事新型领域和产业的技术创新政策,保障了企业和其他社会组织技术创新的持续性。此外,由于民营企业的加入,使原有的创新主体范围扩大,各类主体的竞争意识、风险意识增强。而通过试验区、开发区的运行,从中不断总结新的、针对各种企业技术创新的制度安排方式。

三 中国企业技术创新追赶阶段的制度安排(1997年至今)

本阶段的主要标志是:1997年"973"计划启动,中国共产党第十五次代表大会召开,建设国家创新体系构想的提出,2006年1月全国科技大会召开,部署实施《国家中长期科学和技术发展规划纲要(2006—2020年)》,2007年3月《物权法》的颁布,以及2009年10月创业板开板。此阶段的主要特征为:加速科技成果产业化;重点关注企业的技术创新模式,以及提高企业和产业创新的能力;加强国家创新体系的建设,走自主创新的道路。

这个时期有关企业技术创新方面的制度安排具体有如下几方面的变化。

一是加快出台科技成果商品化、市场化的政策。从1996年10月开始实施的《中华人民共和国促进科技成果转化法》及相关政策的内容上看,有许多突破性的地方。例如，高新技术成果入股的作价金额可占到企业或公司注册资本的35%；对获奖科技成果的转让收益分配及个人所得税的征缴进行了详细的规定；增加了科技人员可在多个单位从事研究和开发工作规定。

二是在宏观层面上，科技管理体制也有了重大变化，政府重大科技计划和政策的制定逐步实现多元化，由科技和经济主管部门及国家级科技中心，如国家工程中心（含国家工程研究中心、国家工程技术研究中心等）及生产力促进中心等共同制定。

三是围绕企业制度和产权制度改革，发挥和强化企业的创新功能。十六届三中全会指出："产权是所有制的核心和主要内容，包括物权、债权、股权和知识产权等各类财产权"，企业要"建立归属清晰、权责明确、保护严格、流转顺畅的现代产权制度"[①]，这是增强企业创新能力的根本。

四是推出促进技术创新的一系列政策。1999年颁布了《关于建立风险投资机制若干意见的条例》、设立科技型中小企业创新基金，以促进风险投资和科技型中小企业的发展。2000年推出了《鼓励软件产业和集成电路产业发展的若干政策》，以提高产业创新能力。

五是继续发挥高新区等园区的产业集群效应。通过上一阶段高新区的启动和建设，其在吸引人才和投资，促进技术成果转化，推进高技术产业国际化进程，加强企业间、企业与其他组织间的合作，促进就业及培养良好信用环境等方面的综合优势和效应已经得到较好的体现。2005年及2006年中国高新区上缴利税分别为1615.8亿元和1977.1亿元，创汇分别为1116.4亿美元和1360.9亿美元，其他主要经济指标比较如图6-2所示。

---

① 《中共中央关于完善社会主义市场经济体制若干问题的决定》，2003年10月，新华网（http://news.xinhuanet.com/newscenter/2003-10/21/content_1135402.html）。

第六章 企业技术创新的制度安排：中国现实

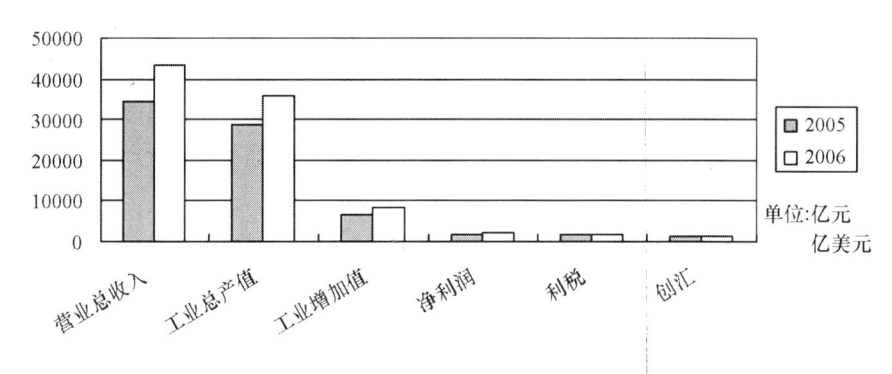

[图表：2005—2006年高新区主要经济指标比较，横轴项目为营业总收入、工业总产值、工业增加值、净利润、利税、创汇；纵轴刻度0—50000；单位：亿元/亿美元]

图 6-2　2005—2006 年高新区主要经济指标比较

注：除创汇的单位为亿美元外，其余指标的单位均为亿元。

资料来源：张晓强主编：《中国高技术产业发展年鉴（2007）》，北京理工大学出版社 2008 年版，第 42 页。

六是企业技术创新投入持续增加。众所周知，企业技术创新是一项高投入的活动，没有持续的投入就很难寻找到重大突破的机会。这也是各国政府、企业在创新中需要保持高投入的原因。实际上，美、日两国的经验也证实了这一点。表 6-1、表 6-2 及图 6-3 显示的是在此期间几项主要的技术创新投入的情况。

表 6-1　　　　　　　　1997—2005 年中国 R&D 经费支出

年份 项目	1997	1998	1999	2000	2001	2002	2003	2004	2005
R&D 支出（亿元）	509.2	551.1	678.9	895.7	1042.5	1287.6	1539.6	1966.3	2450.0
R&D/GDP（%）	0.64	0.69	0.83	0.90	0.95	1.07	1.13	1.23	1.34

资料来源：由中国科技统计数据相关资料整理而成，中国科技统计网站（www.sts.org.cn）。

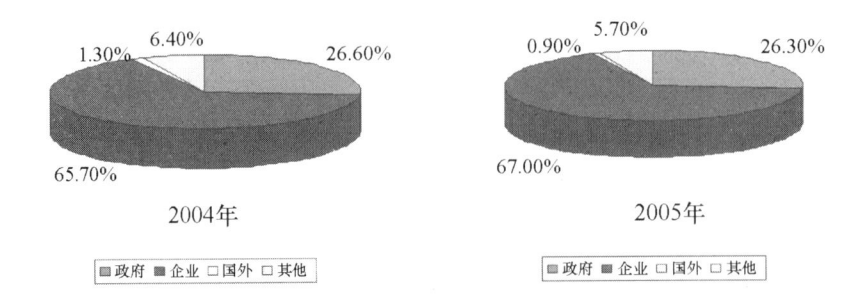

图 6-3　2004 年及 2005 年中国 R&D 经费按来源划分

资料来源：中国科技统计数据（2005 年及 2006 年），中国科技统计网站（www.sts.org.cn）。

表 6-2　　　　　　　　　　　2000—2005 年中国科技人员情况

年份　　项目	2000	2001	2002	2003	2004	2005
科技人员活动总量（万人）	322.4	314.1	322.2	328.4	348.1	381.5
全国 R&D 人员（万人年）	92.2	95.7	103.5	109.5	115.3	136.5
科学家工程师	69.5	74.3	81.1	86.2	92.6	111.9

资料来源：中国科技统计数据（2006），中国科技统计网站（www.sts.org.cn）。

总体来看，中国企业技术创新投入的各项指标在逐年增加，体现政府、实业界等都非常重视技术创新。就研发经费占国内生产总值的情况看，呈逐年上升态势，表明技术创新的持续增长能力较强。从投入来源构成看，2004 及 2005 年企业的投入明显高于其他立体的投入，表明企业的创新主体地位日益凸显。

七是资本市场的进一步发展和完善，更加有利于企业技术创新资金的融通。自沪、深证券交易所建立以来，中国资本市场的相关制度在不断完善，两市已成为推动许多公司发展的重要融资渠道，其中有很多公司将所筹集到的资金用于企业的技术创新活动。此外，深圳中小板的设立，在一定程度上为缓解科技型中小企业融资难发挥了重要的作用；同时，为风险投资的退出提供了有效的通道，促进了风险投资业的发展；还有就是为创业板的推出积累经验,打下基础。所以,中国资本市场结构的逐步完善,不仅为不同类型企业的技术创新融资提供了制度保障,还为其增添了直接的创新动力。总之,追赶模式下的企业技术创新,通常充满了更多的不确定性,自然更需要体系化的制度安排作后盾。所以,这个阶段的制度安排既带有一定的尝试性,也更能体现制度安排的配置性和整合功能,从而为企业技术创新后发优势的发挥提供了保障。

进入 21 世纪以来,技术创新已变成国际竞争中成败的主导因素。而至关重要的竞争,将反映在一国、一个地区及其企业的科技发展水平和能力,以及创造和提供高附加值的产品及服务上。前文曾提到,早在 1993 年克林顿在一项技术支持计划中就曾指出:"投资于技术就是投资于美国的前途。"无独有偶,1996 年日本政府决定在今后的 5 年时间内向科技投入 1550 亿美元的研究开发经费,以资助"争夺地盘的战斗"。显然,在科技发展领域的竞争方面中国起步晚,需要能有效整合各种创新资源的技术创新制度体系。因此,建设中国国家创新体系是适应全球发展趋势和中国自身发展需要的产物。构建中国国家创新体系,关键要构造有利于提高企业技术创新能力、促进技术与经济紧密结合的体系。这就要进一步从国家层面对国家创新体系进行组织、管理和调控,进一步从资金、体制、机制、政策等各方面强化国家创新体系建设,推进中国国家科技创新体系的建设和快速发展。在国家创新体系的五项构成中,企业技术创新体系是非常重要的一个,这足以说明企业技术创新在国家创新体系建设中的地位和作用。

2006 年是"十一五"规划的开局之年,在新的历史时期,创新主体获得了新的发展机遇。2007 年《物权法》的实施,使创新主体财产权利也得到了法律的进一步认可。2009 年 10 月创业板公司上市交易,表明中国多层次资本市场的建立又向前迈进了一大步,为中小型科技企业、民营企业解决融资难题打开了新的通道,也为中国风险投资业的快速健康发展起到了极大的促进作用。以中国高技术产业发展的情况为例,2008 年,尽管受到金融危机和国内各种灾害的影响,但总体保持增长的趋势,高技术制造业实现总产值 58322.03 亿元,同比增长 14.1%;增加值累计增长 13.98%,高于工业增加值 12.89% 的增速;产品出口 4156 亿美元,增长

13.1%；电信业在平均综合资费下调的情况下，业务收入同比仍增长7%，全国网民人数达2.98亿；软件业业务收入同比增长29.8%。[①] 可以说，这一时期的很多企业已具备了较强的技术实力，在模仿、集成创新的基础上，逐步开始走向自主创新，更加关注研发合作，重视对技术开发研究的投入及自主品牌的建立。

应该说，改革开放以来，中国企业在技术创新方面的确成绩斐然，这得益于改革开放所带来的经济、社会和思想观念等的改变，得益于经济、科技和政治体制的改革，得益于技术创新相关法律法规及政策、措施的建立和完善，也得益于多元化创新主体的参与和科技人才创新能动性的有效发挥，还得益于技术市场和高技术产业的发展。但是，随着全球一体化进程的加快，中国与发达国家在技术创新方面的差距依然很大，企业技术创新动力不足、能力不强等问题仍然存在。究其原因，根本在于技术创新制度还需调整和完善，制度安排有待进一步体系化。所以，透过中国企业技术创新中相关制度安排的演变过程，可以更深入地剖析演变历程背后涉及的制度安排所存在的问题。

第二节　中国企业技术创新的制度安排：以高技术企业为例

从理论分析到国际、国内实践总体演进的情况可以看出，企业技术创新制度安排往往会受到各种内部和外部复杂因素的综合影响。从外部因素来看，包括国际经济社会发展的态势，国家技术创新的整体战略，相关体制和机制的设计，相关法规政策的供给，社会文化环境，以及这些因素的整体协调性；从内部因素看，包括企业的发展战略，企业技术创新的人、财、信息等资源的状况，企业内部制度的设计和供给状况，企业的技术创新能力，企业的创新意识，以及这些因素的协同状况。而所有这些复杂因素的影响会从不同的角度导致企业技术创新制度安排成

[①] 参见张晓强主编《中国高技术产业发展年鉴（2009）》，北京理工大学出版社2010年版，第3页。

本的变化。

目前来看，中国企业技术创新制度安排的主要问题集中在知识产权制度安排、公司治理结构、人力资源激励制度、技术创新方面的政府政策、风险投资制度、非正式制度安排等方面。因此，为了达到技术创新制度体系的整体有效，必须让企业内部制度和外部制度两方面能够有足够的协调性，也就是要使具体的市场制度、政府制度和企业制度能够形成互补。

总体来看，中国高技术企业技术创新的制度安排是比较有代表性的。主要原因为：一是这类企业的产生和发展与中国改革开放和产业转型是基本同步的。二是由于这类企业的技术创新一般都代表该国研究、开发的尖端或前沿领域，在国家创新体系的建设中起着非常重要的作用。三是因为其所拥有的核心技术通常开发难度大，技术创新过程的不确定也就特别高，但其创新一旦成功，往往又会给社会、经济带来积极的效应。所以，以下本研究将以中国高技术企业为例，对其技术创新的制度安排及其相关情况、问题进行深入分析。

一　中国高技术产业发展及高技术企业技术创新的状况

20 世纪 80 年代初，受美国东西两个重要的高技术产业基地 128 公路和硅谷技术扩散模式的激励与影响，中国高技术产业的摇篮——中关村，于 1980 年 10 月开始了"刀耕火种"的创业历程。"等离子学会先进技术发展服务部"是最早入主中关村的、主要从事科技成果转化方面业务的准企业。而第一家真正的科技开发经济实体——北京华夏新技术研究所则是于 1983 年才成立的。此后，京海、科海、四通、信通等 11 家科技企业相继涌现，"京海"和"四通"是没有国家投资的"民有民营"企业；"科海"和"信通"则是国有出资、民营管理的"国有民营"企业。1988 年以后，随着中国高新技术产业开发区的建立，高技术企业的发展速度在加快，高新企业也从最早从事"搬箱子"的科贸生意逐渐开始重视科技转化和自有品牌的创造。概括来说，中国的高技术企业成长与高技术产业的发展相随相伴，它们发展的主要情况表现在如下几个方面。①

(一) 高技术产业的规模日益扩大,但近年来增速减缓

1995—2009 年,中国高技术产业产值规模从 4098 亿元增长到 60430 亿元,15 年增长了近 15 倍,其中,2009 年比 2008 年增长了 5.9%,增长率比 2008 年下降了 7.2%,这一增速低于同期制造业 8.6% 的增速,从而对制造业增长的贡献度也有所降低。

2009 年电子及通信设备制造业产值在高技术产业中仍占首位,达 28947.1 亿元(现价),占 47.9%,比 2008 年下降约 1.4 个百分点;电子计算机及办公设备制造业也有近 2 个百分点的下降。其余三个行业均有一定增长,见表 6-3。

表 6-3　2008 年与 2009 年中国高技术产业各行业产值增速变化情况

行　业	指　标 (单位：亿元)	2008	2009
高技术产业	(1) 总产值	57087.4	60430.5
医药制造业	(2) 产值	7875.0	9443.3
	(2) / (1) (%)	13.8	15.6
航空航天器制造业	(3) 产值	1199.1	1353.0
	(3) / (1) (%)	2.1	2.3
电子及通信设备制造业	(4) 产值	28151.4	28947.1
	(4) / (1) (%)	49.3	47.9
电子计算机及办公设备制造业	(5) 产值	16493.4	16292.7
	(5) / (1) (%)	28.9	27.0
医疗设备及仪器仪表制造业	(6) 产值	3368.5	4394.3
	(6) / (1) (%)	5.9	7.3

资料来源：根据《2010 中国高技术产业统计年鉴》相关数据整理而得。

---

① 以下正文分析中未加脚注特别注明的,所使用的数据资料均来源于国家统计局等《2010 中国高技术产业统计年鉴》(中国统计出版社 2010 年版),以及笔者根据相关数据整理形成的结果。

此外，2009 年与 2008 年相比，除医疗设备及仪器仪表制造业增幅达 22.6% 外，其余各行业增长速度都有不同程度的降低，电子计算机及办公设备制造业降幅最大，为 12.2%，如图 6-4 所示。

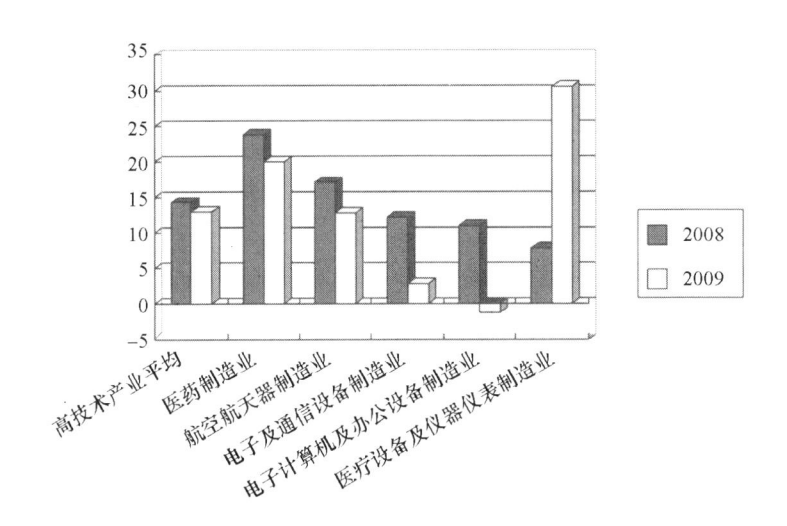

图 6-4　2008 年与 2009 年中国高技术产业各行业产值增长速度对比

资料来源：根据《2010 中国高技术产业统计年鉴》相关数据整理而得。

（二）缓解了一定的就业压力，但产值在制造业中的占比持续降低

高技术产业是增加就业的重要渠道，2009 年从业人员达到 957.5 万人，累计新增近 13 万人，在一定程度上缓解了就业压力。从 1995 年开始，高技术产业产值在制造业中所占的比重一直都在逐年增加，而从 2004 年起占比减缓，到 2009 年，高技术产业总产值虽然突破 6 万亿元，但除企业数及从业人员数两项指标有所增长外，其他各项经营指标的增速均有所下降，总产值在制造业中所占比重降到近十年来的最低点 12.61%。具体情况如表 6-4 和图 6-5 所示。

表 6-4　　1995—2009 年中国高技术产业总体发展情况

经营指标		年份	1995	2000	2004	2005	2008	2009
企业数（家）	（1）高技术产业		18834	9758	17898	17527	25817	27218
	（2）制造业		461203	148279	259374	251499	396950	405183
	（1）/（2）（%）		4.08	6.58	6.9	6.97	6.50	6.72
从业人员年平均人数（万人）	（3）高技术产业		448.4	389.9	586.9	663.3	944.8	957.5
	（4）制造业		7077.4	4605.9	5667.4	5935.3	7732.0	7720.0
	（3）/（4）		6.34	8.47	10.36	11.18	12.22	12.40
总产值（现价亿元）	（5）高技术产业		4098.0	10411.0	27768.6	34367.1	57087.4	60430.5
	（6）制造业		48700.2	75107.6	175287	217836.0	441358.0	479200.0
	（5）/（6）		8.41	13.86	15.84	15.78	12.93	12.61
主营业务收入（亿元）	（7）高技术产业		3917.0	10034.0	27846.2	33921.8	55728.9	59566.6
	（8）制造业		46206.9	71698.0	171837	213844.0	432760.0	471870.0
	（7）/（8）		8.48	13.99	16.21	15.86	12.88	12.62
利润（亿元）	（9）高技术产业		178.0	673.0	1244.6	1423.2	2725.1	3278.5
	（10）制造业		1224.8	2733.0	8662	9704.0	21674.0	27972.0
	（9）/（10）		14.53	24.62	14.37	14.67	12.57	11.72
利税（亿元）	（11）高技术产业		326.0	1033.0	1783.8	2089.6	4023.9	4660.3
	（12）制造业		4001.9	6700.0	10969	18441.0	40051.0	49736.0
	（11）/（12）		8.15	15.42	16.26	11.33	10.05	9.37

资料来源：根据《2010 中国高技术产业统计年鉴》相关数据整理而得。

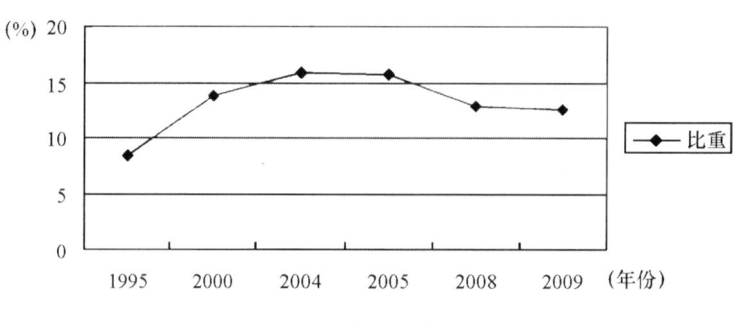

图 6-5　1995—2009 年中国高技术产业占制造业产值的比重

(三) 三资企业占主导地位，内资企业的产值有所增加

2009年高技术企业共27218家，比2008年增加1401家。其中，国有及国有控股企业数为1770家，继2008年比2007年减少74家后，2009年再减少27家；而三资企业数量则继续维持2008年的9296家，占全部高技术企业的比重比2008年的36%略降为34.2%。

尽管三资企业的数量仅为1/3多一点，但其产值、从业人员、利税等占高技术产业的比重都超过或接近一半，分别为65.7%、57.5%、45.5%，仍在中国高技术企业中占据主导地位，但产值比2008年略降4.6个百分点。自2006年以来，随着内资企业自主创新能力的逐渐增强，其规模不断扩大，所占比重有所上升，2009年占比达到35%左右。另外，从行业分布看，航空航天器制造业的内资企业比例达到85.6%，电子及通信设备制造业中的三资企业比例为71.7%，而电子计算机及办公设备制造业中的三资企业比例仍然在90%以上。

(四) 研发经费持续增长，强度有所提高

近年来，中国高技术产业的R&D经费持续增长。2009年经费规模达到892.1亿元，占制造业R&D投入的25%。[①] 相对于1995年来说，2009年高技术产业大中型企业各类研发经费支出都有较大的增长，其中，用于新产品开发的费用增长幅度最大，增长近29倍；技术引进及消化吸收支出近五年处于下降趋势；购买国内技术的经费支出有所增加。具体见表6-5。

表6-5　1995—2009年中国高技术产业大中型企业R&D经费支出情况

(单位：亿元)

年份 项目	1995	2000	2005	2008	2009
R&D经费内部支出	17.85	111.04	362.50	655.20	774.05
新产品开发经费支出	32.28	117.79	415.69	798.40	925.07

[①] 参见科学技术部发展计划司《2009年我国高技术产业发展状况分析》，《科技统计报告》2010年第23期总第489期。

(续表)

项目 \ 年份	1995	2000	2005	2008	2009
技术改造经费支出	82.27	104.75	159.02	218.60	201.74
技术引进经费支出	29.16	47.05	84.82	84.30	64.42
消化吸收经费支出	2.28	3.37	27.50	15.02	10.62
购买国内技术经费支出	4.25	7.21	9.54	12.97	13.90

资料来源：根据《2010中国高技术产业统计年鉴》相关数据整理而得。

此外，2009年高技术产业R&D强度（R&D经费与工业总产值之比）提高到1.48%。其中航空航天器制造业的强度最高，达到4.9%，而电子计算机及办公设备制造业的最低，仅为0.64%。[①]

（五）高新区企业技术创新能力逐步提升

高新区是高技术产业发展的缩影，其对高技术产业的促进作用越来越显著，尤其在科技转化、解决就业和技术扩散等方面。应该说，高技术产业的持续发展离不开前沿科学和技术，更需要高技术企业强有力的技术创新能力的支撑。回顾高新区企业走过的成长历程可以发现，其创新能力在不断提升，集中反映在如下几方面。

第一，从创新人才看，2008年高新区企业从业人员有716.5万人，比2007年增长10%，是最初建区时的近21倍。从事科技活动的人员达134.5万人，其中，研发人员有77.7万人，占科技活动人员的57.8%。[②]

第二，从创新活动经费看，2008年共筹资2620.9亿元，比2007年同期增加20.2%，其中，企业筹资达2218.7亿元，占84.7%，各级政府资金为172.6亿元，占6.6%，金融机构贷款为91.5亿元，占3.5%，国外资金75亿元，占2.9%，其他为63.2亿元，占2.5%，如图6-6所示。2008年科技经费支出为2468.3亿元，其中高新区工业企业R&D支

---

① 参见科学技术部发展计划司《2009年我国高技术产业发展状况分析》，《科技统计报告》2010年第23期总第489期。

② 参见张晓强主编《中国高技术产业发展年鉴（2009）》，北京理工大学出版社2010年版，第24页。

出为1139.6亿元，占全国企业R&D经费支出的36.9%；股份有限公司投入最大437.5亿元，外商投资企业为433.2亿元，股份公司为337.1亿元，国有企业为176.8亿元。

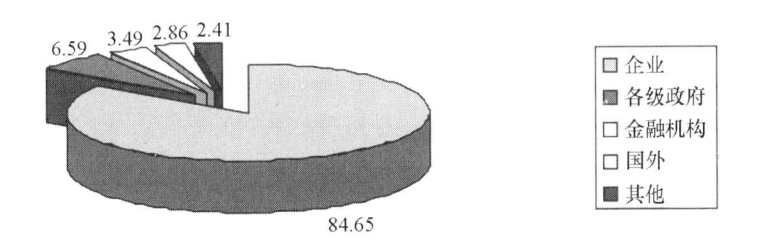

图6-6 2008年中国高新区科技活动经费投入来源构成

资料来源：张晓强主编：《中国高技术产业发展年鉴（2009）》，北京理工大学出版社2010年版，第25页。

第三，是从创新成果看，2008年新产品产值达14486.9亿元，销售收入为15.363.4亿元，出口达531.3亿美元，占高新区出口创汇的26.4%；专利申请量为64438件，获得授权的专利数达33572件，其中发明专利授权数为10962件，占中国全部企业授权总量的11.7%；欧美日专利和发明专利授权数分别为516件和225件；其他知识产权中，软件著作版权有20756项，平均每个企业获得2.34项，集成电路布图999项，植物新品种194项。总体来看，高新区大企业的创新成果较多，创新水平与企业规模正相关。

二 中国高技术企业技术创新中存在的问题

综上，经过30多年的发展，中国高技术企业从无到有，无论是规模和生产经营，还是技术创新水平和能力都有很大的提升，对经济增长的贡献也逐年增加。另据2011年6月30日欧洲工商管理学院与世界知识产权组织联手推出的"2011年全球创新指数"排行榜，在评估和排名的世界125个国家中，中国的创新指数排在第29位，比2010年的第43位有显著的上升。然而，与发达国家相比，其发展程度仍处于较低的阶段，尤其在技术创新方面的差距很大，还存在很多问题，概括来说体现在如下几个方面。

(一) 企业效益的提高主要靠"量"而非"质"

如前所述,从中国高技术产业近几年的发展情况看,相关企业的规模在增加,但相应的经济指标不仅未增,反而还有所下降。这固然与受到国内自然灾害及全球金融危机的影响分不开,但从根本上看,与企业内在的增长质量不高有非常大的关系。这体现出许多高技术企业的研发能力不强;初级加工和组装等占业务比重过大;高技术产业的结构不够合理,特色行业和主导行业还未真正形成;高新开发区集群效应还有进一步提升的空间。仅从 2008 年高技术产业新产品销售份额看,医药为 12.8%,航空航天器为 40.7%,电子通信设备为 24.7%,电子计算机及办公设备为 25.6%,医疗设备及仪器仪表为 14.5%。[1] 由于航空航天器行业的特殊性,技术创新更多的是走自主创新的道路,受近年来中国航天领域的重大活动(中国载人航天等)的影响,新产品销售份额[2]所占比重较高。而电子设备和电子计算机占比也很高,这是因为中国高技术企业在这些领域中主要生产的是发达国家转移的劳动密集型的中低端产品,其核心技术和部件大都需要进口。

(二) 企业缺乏核心技术,自主创新能力有待提高

当前,制约高技术产业持续健康发展的主要问题还是在于高技术企业的自主创新能力不强。如前所述,尽管中国的高技术企业的数量在持续增加,也产生了一大批拥有自有品牌的企业,比如,华为、海尔、联想、腾讯、朗科、金蝶等,但高技术企业的整体技术水平还是不高,很多技术主要靠引进,拥有高价值的核心技术的企业非常少,且实力与发达国家高技术企业相比还不是很高。2006 年,中国高技术产业增加值占制造业增加值的比重为 13.9%,而美国为 17.2%,日本为 16.1%,法国为 15.1%,英国为 17.2%,韩国为 25.3%。此外,由于国外高技术企业的研发处于前端,即在基础研究和开发研究方面的能力较强,因此,其竞争优势非常

---

[1] 根据国家统计局等编《2009 中国高技术产业统计年鉴》(中国统计出版社 2009 年版)的相关数据计算而得。

[2] 新产品销售份额指新产品销售收入占企业主营业务收入的份额。

明显。2009 年美国 R&D 经费支出投入到基础研究的比重为 17.4%，应用研究为 22.3%，事业发展为 60.3%；日本分别为 12.2%、22.6%、65.2%；韩国分别为 15.7%、19.8%、64.4%；而中国分别为 4.7%、12.6%、82.7%。

（三）R&D 强度不高，研发投入收益率偏低

高技术企业作为技术导向型的企业，它的发展离不开对新技术的把握和应用，除了要进行技术人力资本的投入外，还需要在设备及技术创新研发上投入大量资金，而且一般比其他类型的企业力度会更大。但是，从中外高技术企业 R&D 强度对比看，中国企业明显要弱很多，具体见表 6-6。

表 6-6　　部分国家高技术产业与制造业 R&D 强度比较　　（单位:%）

	中国 2008 年	美国 2006 年	日本 2006 年	法国 2006 年	韩国 2006 年
制造业	0.9	3.3	3.7	2.5	2.0
高技术产业	1.4	16.5	10.6	7.8	6.0
医药制造业	1.7	21.8	15.0	8.7	2.5
航空航天器制造业	4.6	11.6	4.2	5.2	9.7
电子及通信设备制造业	1.7	15.8	5.4	12.3	6.8
电子计算机及办公设备制造业	0.5	11.2	26.1	8.0	3.4
医疗设备及仪器仪表制造业	2.3	18.3	14.6	7.1	2.5

资料来源：＊R&D 强度按 R&D 经费占工业总产值的百分比计算。＊＊中国数据根据国家统计局等编《2009 中国高技术产业统计年鉴》相关数据整理而来。＊＊＊其他国家的数据根据 OECD《结构分析数据库（2009）》《企业研发分析数据库（2009）》及《研究与发展统计（2010）》等相关数据整理而来。

根据专家对 R&D 投入的实证研究，中国高技术产业园区 R&D 投入的收益率从 1995 年的 50.2% 降至 1999 年的 17.01%，然后基本稳定在 13% 左右。其中的主要原因是：R&D 的早期投入一般都形成技术资产并产生较高的边际产出，对技术的替代作用非常明显；但是，随着 R&D 投入的

继续增加,其边际产出将下降,并在给定的技术水平下逐渐趋稳。① 这说明,中国高技术企业总体的技术水平低,处于价值链的中低端,承担了大量的低技术的配套加工和生产或整机组装业务,而核心技术和关键部件的开发、设计和制造主要还被发达国家控制,即使花钱也是引进不了的。这也从另一个角度反映了中国高技术企业 R&D 强度不高的原因。

(四) 科技成果的拥有量与转化率、产业化率不匹配

企业研究开发成果的多少在一定程度上代表了技术创新过程阶段性成功的情况,但是,如果不能较好地将它们进行产业化,那么,技术创新的价值最终就不能实现,企业也将因此损失相应的研发投入和时间成本等。2008 年中国发明专利的授权量为 93706 件,虽然比 2007 年 67948 件增长了 27.5%,但只相当于日本 176950 件和美国 157772 件的 40%—50%。另外,中国高技术企业专利申请的地区不平衡问题依然存在,根据中国知识产权局对 2008 年中国企业发明、实用新型、外观设计等三种专利申请总量和发明专利申请单项的十强排名,深圳企业就占据了 50% 的席位。华为技术、中兴通讯、鸿富锦精密工业(深圳)、比亚迪、深圳华为通信技术位列三种专利申请总量十强的前五名,其余四名分别为富士康(昆山)电脑接插件、奇瑞汽车、上海悦青工艺品、大连富哥实业、英业达。前十强的专利申请总量为 18719 件,其中深圳企业申请 13511 件,占 72.2%,而华为技术、中兴通讯、鸿富锦精密工业(深圳)引领发明专利前三,深圳富泰宏精密工业、深圳华为通信技术、比亚迪位列第 5、6、8 位,其余四名分别为英业达、友达光电、中石化、大唐移动通信设备。前十强共申请发明专利 14960 件,其中深圳企业申请 12239 件,占 81.8%。②

对中国来说,创新成果多固然很重要,但更为重要的是成果的转化和产业化,即要能实现技术创新成果的商业价值。然而,与发达国家相比,中国的科技成果转化率严重偏低。人大常委会副委员长陈至立指出,当前

---

① 参见罗大千《R&D 投入对我国高新技术产业影响的实证分析》,《西南农业大学学报》(社会科学版) 2009 年第 7 卷第 1 期。

② 参见杨柳纯等《国内专利十强深企包揽前五》,《深圳特区报》2009 年 2 月 7 日第 A01 版。

中国科技成果的转化率大约在25%，真正实现产业化的不足5%，而发达国家的转化率为80%。[①]

（五）中小高技术企业融资成本高，制度性障碍仍难破解

中小高技术企业无论在创业初期还是发展的过程中，往往都会受到资金"瓶颈"的制约，即便企业有了技术成果之后，也会由于资金不足而难以推进转化或产业化，从而导致中小高技术企业成长乏力。而影响其顺利融资的主要因素为：中小企业的物质实力不足难以提供充足的担保物；企业的无形资产难以作为担保；目前的担保机构数量和实力有限，很难获得银行信贷支持；中国创业投资行业还不够发达，风投机构投入到创业期项目的资金不够多，对中小高技术企业的支持也非常有限。此外，还需重视对整个创投行业发展环境的建设。

（六）缺乏有利于技术创新的企业文化

总体而言，在一种倡导民主开放、勇于担当、鼓励畅所欲言、团结协作的环境里，企业更容易出创新成果。反之，则不利于企业创新活动的开展和创新主体创新积极性的调动。当前，中国高技术企业创新文化缺失的表现是：一是企业不太关注技术创新的长期规划，重视短期利润的增长，存在急功近利的倾向。二是组织成员风险意识不强，承担责任的勇气不足，缺乏冒险和尝试的精神。三是企业内外合作交流的氛围不够，研发、生产和市场等部门的协作、沟通不足，不利于创新性思维的形成。另外，企业缺乏与外部创新组织间的实质性交流，造成高校、科研院所等组织的创新成果与企业的应用、推广需求存在极大的差距。四是有的企业还存在论资排辈的现象，年轻员工的创新积极性和主动性尚未得到有效的调动。

三 中国高技术企业技术创新问题产生的制度原因

经过30多年的发展，中国高技术企业的确有了长足的进步，成为中国经济增长的生力军。然而，在历经前期的快速发展后，近年来的发展速度开始放缓，这与企业技术创新滞后和能力不足有极大的关系。如前所

[①] 参见《科技成果转化率不足5%需提高全民族科学素养》（http://www.chinadaily.com.cn/hqgj/jryw/2011-09-30/content_3954393.html）。

述，中国高技术企业技术创新存在许多问题，而导致这些问题出现的原因也是多方面的，其中，制度安排和制度体系构建不够合理是根本原因。由于缺乏有效的技术创新成本分担体制和机制，使企业技术创新缺乏持续动力。本研究认为，这些制度方面的制约主要表现为产权和竞争性市场等根本性制度、政府相关政策和企业相关规制等重大制度，以及非正式制度等辅助性制度的缺失、滞后或低效。具体从以下几个方面来进行分析。

（一）产权界定还不够明确，无法对各种技术创新主体产生有效的激励

产权制度是市场经济运行的根本性制度安排。产权是指经济行为主体受保护的一系列权利，包括对财产的占有权、使用权、处分权和收益权。"私人产权总是在确定的个人和确定的资产间建立起一种关系"。[①] 在企业技术创新中，进行产权的明确界定之所以重要，主要是因为：一是产权人有提高其财产效用和价值的内在冲动，一般都希望其财产能通过合理的方式进行使用并获得价值的增值；二是当产权受到相应的保护时，产权人通常会对自己的行为负责，并在有利于自己获益的情况下，通过创新开发和生产产品、提供服务等手段，达到节约资源、增加公共福利的目的。因此，归属清晰、界定明确和受保护的产权将激励产权人运用其财产和知识的积极性和主动性。

在中国高技术企业技术创新中，产权制度的安排还存在不足，有两个层面的产权制度安排值得我们关注。

1. 知识产权

作为企业外部制度，知识产权对技术创新的激励作用是非常重要的，其主要表现为专利、商标、著作权、软件版权等。从目前来看，我国有关知识产权的法律法规体系已比较完善，包括《专利法》《商标法》《著作权法》《计算机软件保护条例》等，但实际运作下来的效率却比较低，原因有以下几点。

（1）缺乏产权保护的相关知识，产权人的保护意识淡漠。许多中小

---

① ［德］柯武刚等：《制度经济学——社会秩序与公共政策》，韩朝华译，商务印书馆2000年版，第212页。

高技术企业、有的研发人员的产权保护意识不强,对其进行的发明不愿或不知道申请发明专利,从而丧失了对相应发明所有权的拥有。

(2) 科技成果的供求脱节。由于技术创新中各种行为主体功能的定位不准,使创新成果的供求双方的联系较为松散,结果是,每年产生的上万件科研成果要么被束之高阁,要么有相当大的一部分没有应用和创造财富及价值。这也就是前述所提到的,中国技术创新成果拥有量高而转化率和产业化率低的原因。

(3) 产权保护费用及转让交易成本高,而侵权成本低。从 2001 年 12 月颁布的《专利实施许可合同备案管理办法》的相关规定看,专利实施中专利许可合同管理和侵权诉讼等的费用过高,阻碍了知识产权的使用和分配,导致专利放弃的比例非常高。相反,由于法律执行力度不够,很多侵犯知识产权的侵权人却得不到严厉的制裁。

(4) 知识产权相关法律之间存在制度安排真空或冲突的问题。随着高技术企业的发展,原有法律对知识产权的界定范围已经不能很好地适应,目前的知识产权法律在很多方面有许多重复或冲突的地方。

2. 企业的人力资源激励制度

人力资源是企业技术创新的关键要素,在高技术企业中人力资源更是起着举足轻重的作用。当然,他们承担的风险和压力也比企业物质资本的所有者要大得多。然而,在企业"股东价值最大化""企业价值最大化"等目标下,就没有考虑人力资源所投入的人力资本的价值及其实现,使企业人力资本所有者难以享有企业的剩余。这样的产权制度安排显然不利于人力资本所有者创造能力的发挥,从而使高技术企业的技术创新缺乏后劲,进而影响了企业的持续成长和竞争优势的形成。

(二) 竞争性市场制度不健全,不利于企业技术创新长效机制的形成

从工业革命和发达国家现代化的过程可以看出,竞争性市场制度在配置资源方面有着非常高的效率,而亚洲"四小龙"的崛起也证明了这一点。这些国家和地区经济的增长无不与企业的技术创新紧密相关,而企业立足于生产、生活应用方面的技术创新的动力很大一部分来自竞争性的市场。因为竞争性市场制度可以通过价格机制和竞争机制促进企业的创新。不仅能传递市场供求的信息,而且通过有效信息的传递促使企业采取相应

的创新行动，最终在收入分配机制的调节下实现高额的创新利润。

中国改革开放的历程实际上就是竞争性市场逐步建立的过程。原有的政府主导和调控资源配置与收入分配的方式，逐渐被市场准入范围不断扩大、资源配置的市场化作用日益增强、要素分配机制不断完善的市场经济体制所取代。当然，中国的技术创新体系也在这样的大趋势下逐步向竞争性的市场体制过渡，随着制度的完善，其对企业的外部约束也逐步增强。但从促进中国高技术企业技术创新长期效应实现的角度看，竞争性市场制度仍存在许多问题。

1. 政府管理体制有待改善

政府管理体制有待改善，其缺陷表现为以下几点：政府的公共产品（如科学知识及其普及）的供给功能没有较好地发挥，政府资源（包括科技资源、公共技术平台、公共科技基础设施等）的竞争性使用评价制度有缺陷，政府缺乏对行业准入、环保、安全等的规范化监管。

2. 市场规则不够完善

在企业技术创新过程中，如果缺乏健全的他律体系和有效的自律机制，也就意味着企业自由签约的权利和契约的实施缺乏保障，直接影响了企业对未来的预期。而政府干预的随意性、部门垄断和地方保护等，使市场竞争秩序受到干扰，市场准入的不足限制了竞争，妨碍了企业的技术创新。此外，由于相关法律法规的缺失或执法不严，使大量侵权产品涌入市场，使企业应得的创新收益得不到保障，挫伤了企业技术创新的积极性。

3. 企业技术创新所需的要素市场发展缓慢

如前所述，企业技术创新是一项包括资金和人力都需要高投入的活动。因此，离开了智力和财力的支撑，创新活动就是无源之水、无本之木。就目前情况看，一方面，企业技术创新中的金融支持还不足。一直以来，在高技术企业科技活动投入中，银行贷款和风险投资资金所占的比重较小，企业难以获得稳定、有效的资金支持来进行技术创新，特别是中小企业，从而使其技术能力积累较慢。因此，金融体制改革有待深化，多层次资本市场的运行需要完善。另一方面，人力资源市场、人才管理制度和人才评价机制等的发展滞后于高技术企业发展的需要，使企业技术创新中的人力资源难以充分流动。

(三) 公司治理结构不合理，难以对企业长期技术创新战略的形成提供支持

公司治理结构指的是用来规范企业各方责、权、利关系的一套制度安排，它主要体现在企业控制权和剩余索取权分配的相关制度安排上，即涉及企业所有者与经营者之间的关系，因而与企业技术创新密切相关。它决定了企业技术创新要素获取的方式和渠道，同时影响着企业所有者与经营者的技术创新行为和动力，还对企业技术创新激励机制的形成产生重要作用。它主要通过企业的所有者结构、董事会构成和管理层人员的激励约束机制来影响企业的技术创新活动。

2009 年统计显示，在中国 27118 个高技术企业中，国有及国有控股企业占 6.5%，大中型企业占 18.1%，中小企业企业占 41.2%，三资企业占 34.2%。[①] 在内资企业中，国有及国有控股企业一般存在股权过于集中的问题，这通常会使得企业所有者与代理人之间的目标不易统一。在多重目标的作用下，有时会出现所有者关注长远目标的实现多于短期目标的实现，或者关注社会性目标的实现多于经济性目标的实现，而代理人更注重其当前利益，往往利用信息不对称为自己谋取利益，决策中难免会偏离企业技术创新目标。此外，由于股权过于集中，使外部难以发挥对代理人机会主义的约束作用，从而影响了企业技术创新的持续及其能力的提升。中小企业的股权结构虽然相对多元化一些，但是，过度分散也会产生内部人控制问题，同样会出现忽视企业技术创新的问题。

(四) 政府政策不够完善，创新的示范效应难以进一步凸显

前述分析中曾指出，政府是市场的替代，前提是在面对市场失灵的时候，政府适当的干预对技术创新资源的配置也会起到非常好的调节作用。就目前来看，中国高技术企业发展的市场基础还不够发达，政府在这样的条件下就需要根据实际情况行使弥补市场缺陷、部分替代市场或培育市场等职能。通过制定一系列规制来干预或引导企业的技术创新活动。改革开放以来，中国政府颁布实施的有关技术创新方面的政策很多，有学者统计过，2002 年的政策数目是 1978 年的 1 倍，1996—2002 年平均发布了近

---

① 根据国家统计局等编《2010 中国高技术产业统计年鉴》相关数据整理而得。

127个[①]相关政策,到2007年实施的技术创新财税方面的政策就达27部。[②] 这些政策的出台和实施,对于形成适应市场经济改革和发展的科技体系,发挥了积极的作用,也为企业通过技术创新获得快速发展奠定了基础。当然,随着国内外环境和经济发展形势的变化,很多政策对企业技术创新推动的局限性也开始显现,表现为政策真空、冲突或低效。导致出现前述分析提到的相关问题:技术创新投入强度低,科技成果的创新实力差和转化率低;税收政策的技术创新导向作用不明显,力度不强。

(五) 风险投资发育程度较低,对高技术企业技术创新支持作用有限

风险投资是市场经济的产物。从世界各国和地区走过的历程看,高投入是高技术企业的主要特征之一,企业在技术创新的全过程中都需要强有力的资金支持,风险投资作为一种金融创新制度,可以称得上是高技术企业的"奶娘"和"助推剂",其培育高技术企业的作用是传统金融制度难以替代的。因此,高技术企业的发展离不开风险投资。自20世纪90年代以来,中国风险投资获得了较快发展。截至2007年,中国的创业风险投资机构总数为383家,其中,创投企业达319家,占83%以上;创业投资管理机构的总资金达1112.9亿元;资本来源方面也呈现多元化,政府和国有独资投资机构出资占总资本的33%,非上市公司出资占43%;投资于高技术企业的比重仍较大,达50%以上,但针对种子期投资的金额下降到12.7%。尽管中国创业投资行业呈现持续良好的运转态势,但是,目前也还存在许多问题。

1. 上市退出比例较高,但退出效果一般

2007年单项退出收入在100万元以下和100万—500万元的比例为65.1%,500万元以上的项目仅占34.9%。在亏损退出项目中,72.3%的属于高技术产业项目;盈利退出项目中,69.2%的是高技术产业的项目。

2. 相对来说,外资创业投资机构的优势更强

与国内创业投资机构的关注点不同,外资创业投资机构主要关注软

---

① 参见中国科技发展战略研究小组《2003年中国科技发展研究报告》,经济管理出版社2004年版,第54页。

② 参见杨克泉等《1978—2007年科技相关财税政策对企业技术创新促进效果研究》,《新会计》2009年第1期。

件、新材料和资源开发等领域的投资,占投资金额的 80.9%;主要投资在成长和成熟阶段,占投资比例的 93.2%;单项投资规模通常在 1000 万元以上。

3. 项目来源渠道较少,制约管理的因素较多

目前中国创投机构的很多项目主要以政府推荐为主,占 28.9%,其他为朋友介绍、银行介绍或媒体宣传等。在选择项目上仍以项目团队和市场前景为依据。对被投资项目的管理采取管理咨询方式的比例较大,为 33.6%。而制约风险投资专业化发展的主要因素是缺乏相应的人力资源。显然,这样的发展状况对中国高技术企业技术创新方面的支持是有限的。

(六)非正式制度的建设滞后于经济发展的水平,缺乏良好的创新氛围

在企业技术创新中,非正式制度是正式制度发挥效用的有益补充,它可以降低正式制度执行的成本,减少创新中的"搭便车"行为,体现出对人的自由发展的一种关怀,是技术创新制度安排中不可或缺的部分。从美国和日本的经验可以看到,一个国家的政治制度对人们创新意识的培养有着非常重要的作用。一般而言,开放、民主的政治环境能有效地释放人们的创新积极性,使人们自觉养成创新的意识,并主动投入到创新的行动中。此外,相应的文化制度建设也是非常关键的,这是促进技术创新中交流、合作的基础。事实上,思想文化对人们参与技术创新的影响是多层面的。从企业层面看,关键就在于对企业文化的构建。然而,由于非正式制度潜在化的特点,对它的建设总是需要一个长期的过程。所以,在经济发展和技术创新中往往不能直接感受到它的作用,从而就会忽视对它的培育。中国改革开放 30 多年来,其在思想文化方面的建设似乎滞后于经济发展的速度和水平,造成企业技术创新中所需的非正式制度因素的缺失,存在创新精神不足,缺乏冒险和尝试的勇气,技术创新中的信任、合作关系不易建立等问题。

第三节 完善中国企业技术创新的制度安排

通过上述理论和实践分析可以看出,企业技术创新的制度安排是一个

系统工程，作为世界各国和地区技术创新制度体系构建的基础，已受到了各方的关注。然而对比发现，中国企业的技术创新，无论在水平上、体系上，还是在核心能力上，都与发达国家有很大的差距。为了使中国企业未来的技术创新有更强劲的动力，也为了更好地推进中国的国家创新体系建设，以下将主要就完善中国企业技术创新制度安排提出相应的建议。

在完善中国企业技术创新制度安排的过程中，必须以降低企业技术创新成本为原则；以促进企业技术创新动力和能力提升为目标；以构建配置合理的制度体统为根本；以外部制度配置为主，建立内外结合的基本导向。重点做好产权制度、竞争性市场制度的安排，优化企业治理结构和激励机制，完善政府相关政策及风险投资制度，推进非正式制度的建设，等等。

一 进一步加大产权制度的建设，激发创新主体的积极性

（一）健全企业技术创新相关法律法规体系，强调法规执行效果

从企业外部看，应加大对有关法律的完善和调整，加大相关法律法规的执行力度。首先，应对《物权法》实施的情况进行调研和总结，分析执行中存在的问题和障碍，根据实际来调整相应的配套措施和制度，使创新主体的私有财产得到更好的保护，避免在公有产权和私有产权保护方面的不协调。其次，要对《专利法》《商标法》《著作权法》《计算机软件保护条例》等进行统筹，择机研究和制定《知识产权保护基本法》，依据这一基本法对原有的相关法律进行必要的调整，避免各种法规之间的冲突，弥补原有制度存在的缺失。再次，适当降低专利申请、实施等方面的费用，切实帮助企业通过科技成果获得更多的创新收益，并促进更进一步的创新。此外，加大对专利等成果保护的宣传，尤其对规模不大的民营、中小企业要进行专门的指导，提升他们的专利保护意识，更好地发挥知识产权在促进企业成长方面的作用。最后，为保证企业对技术创新的长期投资，使其创新权益得到应有的保护，应考虑进一步提高知识产权入股比例，更多地通过经济行为主体各方按市场方式来确定智力资产的价值。

（二）完善企业剩余索取权制度，设计多元化的企业内部激励机制

从企业内部看，首先，要重视对人力资源的管理，结合组织成员的职

业发展规划，有计划地对他们进行创新意识、能力的培养。其次，要采取适宜的人力资源激励方式，在保证评价机制、激励手段设计体现公平的基础上，可以根据企业的实际情况和成员的个人需求，选择相应的激励模式，将员工的利益与企业的长期发展紧密联系在一起。从长期激励的角度看，可供选择的方式有很多。例如，股票期权、股票增值权、持股计划、股票奖励、业绩股票等①，企业还可在现有模式的基础上进行创新。此外，要完善公司治理结构，使所有者和经营者之间建立起有效的委托—代理机制，通过控制权和剩余索取权的配置，使企业各方的利益和目标能够协调一致，共同面对激烈的竞争市场，并始终将技术创新作为企业长期成长的手段。

二 保持竞争性的市场特征，构建鼓励技术创新的支撑体系

产权清晰、归属明确、责权统一的市场主体是竞争性市场的根本。有效的市场运行需要有效的市场规制，充分体现公平、公正的原则，使参与竞争的各方主体能得到预期的收益。首先，要降低竞争性行业的准入门槛，减少在这些领域中政府的过度干预，充分发挥市场配置资源的作用。政府则应关注对产业的引导及市场的监管。其次，加大《反垄断法》实施的力度，禁止各种以价格合谋的托拉斯或不正当竞争行为，包括限制通过技术专利形成的垄断。当然，对于研发合作等的垄断行为应专门制定豁免规定。最后，保持技术创新各种要素的自由流动，消除人力资源从发达地区流向欠发达地区的障碍因素。这些障碍因素包括：经济发展环境和条件的局限，欠发达地区产业特色不明显的问题，社会保障体系的不完善，薪酬制度的欠缺，等等。此外，进一步做好多层次资本市场的管理，让企业重视虚拟投资与实业投资之间的关系及把握好二者的平衡，更好地促进企业的技术创新和生产经营，反过来又能有力地保证资本市场的繁荣。

三 规范政府干预行为，完善政府相关技术创新政策

在建立社会主义市场经济的过程中，任何市场主体的行为都将受到规

---

① 参与吕洞庭《股权激励：难道不适合中国国情》，《时代经贸》2003 年第 3 期。

范和约束。政府的干预只有在适度的情况下，才能发挥应有的作用。也就是说，在促进企业技术创新过程中，政府职能的定位和行为的有效约束是非常关键的。转变政府职能就是要扭转政府干预的随意性，避免导致市场扭曲问题。因此，要完善政府行政的各种法规，对政府行政进行科学的评估。随着市场体制从不完善走向完善，政府在企业技术创新中的作用也将由主导逐步转向引导，职能的重点也将发生相应的改变，应更加突出其在产业引导、规制制定、创新环境优化等方面的作用。此外，还要进一步完善如下相关政策和机制。首先，要建立相应的财税支持制度。保证科技活动经费的投入和人才培养经费的投入，以及公共技术平台和设施的建设。同时，对研究开发所得进行税收减免，加快增值税等流转税制度的综合改革，减轻企业技术创新投入的负担。其次，建立公共技术资源的竞争性使用机制，推动合作研发，完善政府采购制度等。最后，就是要提高投入，为普及基础、职业教育提供保障，避免教育经费向少数重点大学倾斜的做法。

四 推进非正式制度的建设，形成良好的创新文化体制

中国企业要提高竞争力，中国经济要获得持续的发展，根本路径就是利用知识和技术创造财富。政府和企业在加大人力投入、技术投入和资金投入的同时，还必须创造一种宽松、民主和自由的创新环境，支持创新主体投身技术创新的前沿。由于企业技术创新的不确定性和信息的不对称性，对创新绩效的考评一直缺乏相应的机制和方法。所以，应加快建立创新组织共同评价体系，通过公平、公开的方式取得公共技术资源的使用权。这也将在创新组织间形成一种良好的创新文化氛围，相互促进，互给压力，增强企业抗风险的能力，提升其竞争的意识。

第七章 研究结论与展望

第一节 研究的主要结论

　　企业技术创新不仅在社会经济发展和企业成长中发挥着极其关键的作用，它也是一国经济增长方式转变和企业核心竞争实力提升的必由之路。从当前的经济发展趋势和格局来看，国与国之间的竞争根本上就是企业与企业的竞争，而其本质就是以技术创新为核心的竞争。然而，相比发达国家企业的技术创新，中国企业的技术创新不仅起步晚，而且技术创新能力普遍较低。一直以来，对于中国企业技术创新中存在的问题，学界、实业界、政府部门等都给予了关注和研究，但原来如何提升技术创新效益方面的研究多，而如何降低技术创新成本方面的研究少。在探究技术创新动力不足、效率不高等原因时，多把问题的原因归于技术或资金投入不足等方面，对深层次的制度原因分析较少。本研究认为，最为关键的是没有对技术创新成本进行区分，更没有在技术创新的替代成本及配置成本方面展开深入的探讨，导致技术创新制度安排出现供给不足、缺失或低效的情况，进而阻碍了企业创新行为的持续。纵观世界各国企业技术创新现实可以看到，唯有构建一套能让企业技术创新动力足、效率高和能力强的制度环境和体系，才能有效地帮助企业降低技术创新过程中的成本，真正推动企业的技术创新，不断提升国家和企业的持续发展能力。因此，对企业技术创新的制度安排问题进行系统研究，对企业技术创新和制度创新研究的深化与发展，以及技术创新实践的指导都是十分重要和必要的。本书在继承、借鉴国内外学者对技术创新及相关制度安排研究成果的基础上，从理论及实践两个层面对企业技术创新的制度安排进行了系统的探索和研究，主要形成了以下几个方面的研究结论。

1. 在回顾和论述国内外有关企业技术创新经典观点的基础上，从制度的视角，对技术创新的内涵进行了分析，提出本书对技术创新本质的看法，概括出企业技术创新这种交易行为所具有的不确定性、高投入性、外部性、积累性、替代性及配置性等本质特征。由此指出，企业技术创新过程中的制度安排问题值得关注和研究。此部分的观点是后续研究的前提和基础。

2. 在界定企业技术创新成本内涵的基础上，本书对企业技术创新成本的构成进行了剖析。提出企业技术创新成本主要由替代成本（指的是企业通过购买、引入、合作等方式获得技术创新所需各种要素而形成的市场成本）和配置成本（也就是由于企业进行技术创新活动，在生产、经营、管理中对组织系统及各种要素进行的重新配置、对组织成员心理及努力程度进行调整而形成的制度成本）构成。此部分的观点为本研究的创新点。通过细致的分析，有助于我们更为全面地认识企业技术创新的成本，更加明确了技术创新成本产生的原因，进一步认识到制度安排对于企业技术创新的促进和制约作用。

3. 主要运用交易成本理论对企业技术创新过程中制度安排的选择进行了逐层分析。本书认为，当企业面临是否进行技术创新的决策时，一般都要对成本—收益进行比较。受资产专用性、不确定性和交易频率的影响，企业会在内部制度、外部制度或者内外部制度相结合的三种方式中进行相应的选择。事实上，由于影响企业技术创新制度安排的因素非常多，因此，制度安排的选择还需要根据具体情况和分析进行判断。通过理论分析，形成了本研究的理论分析框架。

4. 根据企业技术创新制度的构成，从系统化的角度，对内外部制度安排与企业技术创新的相互关系进行了分析，明确了只有内外制度有效、协调的配置，才能为企业技术创新带来充足的动力，也才是企业技术创新能力持续提升的源泉。

5. 对在企业技术创新制度安排方面有典型性和代表性的美国及日本的情况进行了考察。着重阐释了两国在降低企业技术创新成本、推动企业技术创新行为方面的制度安排。通过比较研究，总结其中对中国有益的经验和启示。进一步揭示了处于一个制度供给及其配置较为完善的环境中，企业往往选择的是积极的技术创新路径。同时也验证了企业技术创新中内外制度安排体系化、协调性的重要作用。

6. 对中国企业技术创新的制度安排现实进行了系统的探讨。概括了改革开放以来中国企业技术创新制度安排的总体发展历程，利用大量的统计数据及资料，对相关制度安排的现状及问题进行了分析，根据前述理论及研究逻辑，进一步说明了中国企业技术创新迟缓的主要原因，在此基础上，从健全产权制度、竞争性市场制度、企业内部治理制度，以及加强政府相关政策、风险投资市场及非正式制度建设等方面，提出了完善中国企业技术创新制度安排的对策建议，以期为相关政策制定提供参考。通过实证分析，进一步验证了本研究的现实意义和价值。

第二节 研究展望

进入 21 世纪，全球社会经济发展的现实清楚地表明：一个国家、一个地区或者是一家企业综合实力的强弱，很大程度上都反映在科技水平和技术创新能力的高低上。从理论和实践两个角度来看，企业技术创新能力的提升有赖于持续的技术创新行为，而动力充足的技术创新行为的产生又离不开良好的制度环境。因此，探索和研究企业技术创新中的制度安排有着重大的理论价值和现实意义。囿于笔者学识、能力等方面的不足，在这项复杂而不断变化着的系统研究中，只是掀开了探究此方面问题的一个角，未来的研究还可在现有基础上从以下方面进一步提升。

1. 应对企业技术创新内部与外部制度之间的相互关系及其形成机理、互动机制等进行分析，并形成相应的理论和实证研究结果。

2. 可结合实证研究的需要，更多地获取一手数据资料，采取演化实验模拟等方法，辅助解决技术创新制度安排中的非静态方面的问题。同时还应加强对企业技术创新制度安排有效性评价方面的研究。

3. 拓展研究的范围，除高技术企业外，还可针对不同类型企业技术创新制度安排问题进行实证或比较研究，以避免目前研究和结论方面的局限性。

参考文献

[1] N. Nelson, *The Sources of Economic Growth*, Cambridge, MA: Harvard University Press, 1996, p. 53.

[2] S. Myers, D. G. Marquis, *Successful Industrial Innovations*, Washington, D. C: National Science Foundation, 1969, pp. 69 – 71.

[3] Edwin Mansfield, "Patents and Innovation: an Empirical Study" *Management Science*, Vol. 32, No. 2, 1986.

[4] Dosi G, "Sources, Procedures and Microeconomic Effects of Innovation" *Journal of Economic Literature*, Vol. 26, No. 3, Sept. 1988.

[5] Michael E. Porter, Scott Stern, "Innovation: Location Matters" *MIT Sloan Management Review*, Summer 2001.

[6] Frank Moulaert, Abdelillah Hamdouch, "New Views of Innovation Systems: Agents, Rationales, Networks and Spatial Scales in the Knowledge Infrastructure" *Innovation*, Vol. 19, No. 1, 2006.

[7] Philip Cooke, "New Economy Innovation Systems: Biotechnology in Europe and the USA" *Industry and Innovation*, Vol. 8, No. 3, 2001.

[8] P. A. David, B. H. Hall, A. A. Toole, "Is Public R&D a Complement or Substitute for Private R&D? A Review of the Econometric Evidence" *Research Policy*, Mar. 2003.

[9] Mansfield, E. Lorne, "How Effective are Canada's Direct Tax Incentives for Research and Development?" *Canadian Public Policy*, June 1985.

[10] Dagenais M, Mohnen P, Thierrien P, "Do Canadian Firms Respond to Fiscal Incentives to Research and Development?" *Tilburg University*

Mimeo, 1997.

[11] Lucas R. E, "On the Mechanics of Economic Development" *Journal Monetary Economics*, No. 22, 1988.

[12] Kortum Samuel, Josh Lerner, "Assessing the Contribution of Venture Capital to Innovation RAND" *Journal of Economics*, Vol. 31, 2000.

[13] Solow R, "Technical change and the aggregate production function" *Review of Economics and Statistics*, Vol. 39, 1957.

[14] Utterback J. M, "The Process of Technological Innovation within the Firm" *Academy of Management Journal*, Vol. 3, 1977.

[15] Mueser R, "Identifying Technical Innovations" *IEEE Trans. on Eng. Management*, Vol. 11, 1985.

[16] Klark K. B, et al, "Product Development in the World Auto Industry" *Brookings Papers on Economic Activity*, Vol. 3, 1987.

[17] Arthur W. B, "Competing technologies, increasing returns, and lock-in by historical events" *Economic Journal*, Vol. 99, 1989.

[18] Mollica Marcos A, "Essays on Venture Capital Investment" *PhD dissertation*, the University of Chicago, 2006.

[19] Tykvova T, "Venture Capital in Germany and Its Impact on Innovation" *Social Science Research Network* (Working Paper), Presented at the 2000 EFMA conference, Athens.

[20] Hasan Iftekhar, Wang Haizi, "The Role of Venture Capital on Innovation" *New Business Formation, and Economic Growth*, Presented at 2006 FMA Annual Meeting.

[21] Ueda M, M. Hirukawa, "Venture Capital and Industrial Innovation" *Unpublished working paper*, University of Wisconsin, USA, 2006.

[22] R. Rothwell, "Industrial innovation: success, strategy, trends" in M. Dodgson and R. Rothwell, *The Handbook of Industrial Innovation*, Edward Elgar, 1994, pp. 42-43.

[23] J. L. Enos, "Invention and Innovation in Petroleum Refining Industry" in *National Bureau of Economic Research Special Conference*, Princeton, NJ:

Princeton University Press, 1962, pp. 299 – 322.

[24] KONG Li, "On the Relationship of Corporate M&A, Innovation and Core Competence" *Proceedings ICEE*2011, Shanghai, May 2011, Vol. 8, IEEE Press, pp. 7079 – 7081.

[25] Walton H. Hamilton, "Institutionin" in Eduin R. A. Seligman and Alvin Johnson (eds) *Encyclopaedia of the Social Sciences*, New York: Macmillan, 1932, Vol. 8, pp. 84 – 89.

[26] Guellee D, Van Puttelsberrghe, "The Impact of Public R&D Expenditure on Business R&D" *OECD Directorate for Science, Technology and Industry* (*STI*) (Working Paper), pp. 12 – 13.

[27] [英] 亚当·斯密:《国民财富的性质和原因的研究》上卷,郭大力等译,商务印书馆1972年版,第5—12页、第10页。

[28] [美] 约瑟夫·阿洛伊斯·熊彼特:《经济发展理论》,叶华译,中国社会科学出版社2009年版,第15页、第22页、第85页、第86页、第95页、第95—120页。

[29] [美] 约瑟夫·阿洛伊斯·熊彼特:《资本主义、社会主义与民主》,吴良键译,商务印书馆1999年版,第162—167页、第176页、第210页。

[30] [美] 道格拉斯·C.诺思:《经济史中的结构与变迁》,陈郁等译,上海三联书店1994年版,第66—75页、第98页。

[31] [美] 小阿尔弗雷德·D.钱德勒:《看得见的手:美国企业的管理革命》,重武译,商务印书馆1987年版,第435—441页。

[32] [美] 埃莉诺·奥斯特罗姆等:《制度激励与可持续发展》,陈幽泓等译,上海三联书店2000年版,第128页。

[33] [美] 丹尼尔·W.布罗姆利:《经济利益与经济制度》,陈郁等译,上海三联书店1996年版,中译本序。

[34] [美] 道格拉斯·G.诺思等:《西方世界的兴起》,厉以平等译,华夏出版社1989年版,第3页。

[35] [美] A.A.阿尔钦:《产权:一个经典注释》,载 R.科斯等《财产权利与制度变迁》,刘守英等译,上海三联书店1994年版,第166—

178 页。

[36] [美] 康芒斯：《制度经济学》上册，于树生译，商务印书馆 1962 年版，第 298 页、第 70—85 页。

[37] [美] G. 多西等：《技术进步与经济理论》，钟学义等译，经济科学出版社 1992 年版，第 7 页。

[38] [美] 理查德·R. 纳尔逊等：《经济变迁的演化理论》，胡世凯译，商务印书馆 1997 年版，第 299—300 页。

[39] [澳] Mark Dodgson 等：《创新集聚——产业创新手册》，陈劲等译，清华大学出版社 2000 年版，第 87—88 页。

[40] 《马克思恩格斯全集》第 47 卷，中央马列编译局译，人民出版社 1979 年版，第 372—373 页、第 598 页、第 541 页。

[41] 中央马列编译局编：《马克思恩格斯选集》第 1 卷，人民出版社 1972 年版，第 60—61 页。

[42] [德] 卡尔·马克思：《资本论》第 1 卷，中央马列编译局译，人民出版社 1975 年版，第 555—556 页。

[43] [德] 卡尔·马克思：《资本论》第 3 卷，中央马列编译局译，人民出版社 1975 年版，第 120 页。

[44] 《列宁全集》第 38 卷，中央马列编译局译，人民出版社 1959 年版，第 277 页。

[45] [美] 奥利弗·E. 威廉姆森：《资本主义经济制度》，段毅才等译，商务印书馆 2002 年版，第 8 页、第 31—32 页、第 69 页、第 71—72 页、第 99 页、第 126 页。

[46] [英] 马歇尔：《经济学原理》上卷，朱志泰译，商务印书馆 1964 年版，第 157 页。

[47] [美] 保罗·萨缪尔森等：《经济学》，萧琛等译，人民邮电出版社 2011 年第 18 版，第 13 页。

[48] [美] Y. 巴泽尔：《产权的经济分析》，费方域等译，上海三联书店、上海人民出版社 1997 年版，第 125 页。

[49] [美] R·H. 科斯：《社会成本问题》，载 R. 科斯等《财产权利与制度变迁》，刘守英等译，上海三联书店 1994 年版，第 5—24 页。

[50][美] 汤姆·蒂滕伯格：《环境与自然资源经济学》，金志农等译，中国人民大学出版社2011年第7版，第616页。

[51][英] 辛格等主编：《技术史》第Ⅳ卷，辛元欧等译，上海科技教育出版社2004年版，第115—135页。

[52][日] 森谷正规：《日美欧技术开发之战》，吴永顺等译，科学技术文献出版社1984年版，第38—39页。

[53][美] 内森·罗森堡等：《西方致富之路——工业化国家的经济演变之路》，刘赛力等译，生活·读书·新知三联书店1989年版，第30页。

[54][英] A. C. Pigou：《福利经济学》，陆民仁译，台湾银行经济研究室编，中华书局1971年版，第113—120页。

[55][美] 赫伯特·西蒙：《管理行为》，杨砾等译，北京经济学院出版社1988年版，第9页。

[56][美] 国家科学技术委员会：《技术与国家利益》，李正风译，科学技术文献出版社1999年版，第26页、第50页。

[57][德] 柯武刚等：《制度经济学——社会秩序与公共政策》，韩朝华译，商务印书馆2000年版，第212页。

[58] 崔远淼：《基于企业边界视角的技术创新模式选择研究》，西南财经大学出版社2009年版，第2页。

[59] 袁庆明：《技术创新的制度结构分析》，经济管理出版社2003年版，第86页、第89页。

[60] 黄凤羽：《风险投资与相关税收制度研究·前言》，中国财政经济出版社2005年版。

[61]《毛泽东选集》第8卷，人民出版社1999年版，第103—148页。

[62] 江泽民：《论科学技术》，中央文献出版社2001年版，第55页、第146页、第148—156页。

[63] 傅家骥主编：《技术创新学》，清华大学出版社1998年版，第5—6页、第13—16页。

[64] 许庆瑞主编：《研究、发展与技术创新管理》，高等教育出版社2000年版，第42页。

[65] 远德玉等：《中日企业技术创新比较》，东北大学出版社1994年版，

第 37—38 页、第 40 页。

[66] 冯鹏志:《技术创新社会行动系统论》,中国言实出版社 2000 年版,第 49—50 页。

[67] 李兆友:《技术创新主体论》,东北大学出版社 2001 年版,第 52—61 页。

[68] 廖才茂主编:《现代企业生产力概论》,上海财经大学出版社 1997 年版,第 68 页。

[69] 刘振武等:《企业技术创新与管理》,石油工业出版社 2004 年版,第 42—43 页。

[70] 吴永忠:《技术创新的信息过程论》,东北大学出版社 2002 年版,第 52 页。

[71] 严基河:《现代企业研究开发与技术创新》,经济管理出版社 1997 年版,第 79 页。

[72] 王国顺等:《企业理论:契约理论》,中国经济出版社 2006 年版,第 85—86 页、第 90 页。

[73] 董静:《企业创新的制度设计》,上海财经大学出版社 2004 年版,第 125—126 页、第 350 页。

[74] 卢现祥主编:《新制度经济学》,武汉大学出版社 2011 年第 2 版,第 208 页。

[75] 彭志龙等:《我国能源消费与 GDP 增长关系研究》,《天然气技术》2007 年第 1 卷第 4 期。

[76] 金高云:《提升我国区域创新能力的构想》,《工业技术经济》2009 年第 28 卷第 2 期。

[77] 郭继强:《人力资本投资的结构分析》,《经济学》(季刊) 2005 年第 4 卷第 3 期。

[78] 冯之浚:《完善和发展中国国家创新系统》,《中国软科学》1999 年第 1 期。

[79] 刘洪涛、汪应洛:《中国创新模式及其演进的实证研究》,《科研管理》1999 年第 2 期。

[80] 刘洪涛、汪应洛:《转型期中国国家创新系统资源配置研究》,《数

量经济技术经济研究》1999年第4期。
[81] 陈美章：《技术创新与知识产权》，《知识产权》1999年第6期。
[82] 盛辉：《论企业技术创新过程中的知识产权保护》，《科技管理研究》2007第1期。
[83] 周寄中等：《知识产权与制度创新：联动与效应分析》，《研究与发展管理》2006年第18卷第5期。
[84] 王九云：《论保护知识产权对技术创新的驱动功能》，《管理世界》2001年第6期。
[85] 王德应等：《基于知识产权制度的企业技术创新动力系统研究》，《科技进步与对策》2009年第26卷第20期。
[86] 乔生：《中国限制外国企业对知识产权滥用的立法思考》，《法律科学》（西北政法学院学报）2004年第1期。
[87] 乔生等：《我国限制知识产权滥用的法律思考》，《现代法学》2005年第27卷第1期。
[88] 徐瑄：《知识产权的正当性——论知识产权法中的对价与衡平》，《中国社会科学》2003年第4期。
[89] 孔祥俊：《WTO知识产权协定及其国内适用》，法律出版社2002年版，第20—27页。
[90] 刘亚军等：《知识产权国际保护标准的解读与启示——以利益平衡为视角》，《吉林大学社会科学学报》2006年第46卷第4期。
[91] 孟奇勋：《"异化"的权利与权利的"异化"——以知识产权的私权保护与公权规制之协调为视角》，《电子知识产权》2006年第8期。
[92] 沈木珠等：《论对知识产权滥用的限制》，《政治与法律》2005年第4期。
[93] 黄乾：《人力资本产权的概念、结构与特征》，《经济学家》2000年第5期。
[94] 杨瑞龙等：《一个关于企业所有权安排的规范性分析框架及其理论含义》，《经济研究》1997年第1期。
[95] 马拴友：《税收优惠与投资的实证分析——兼论促进我国投资的税收政策选择》，《税务研究》2001年第10期。

[96] 张桂玲等:《对我国现行科技税收激励政策的归纳分析》,《中国科技论坛》2005 年第 3 期。

[97] 吴秀波:《税收激励对 R&D 投资的影响:实证分析与政策工具选拔》,《研究与发展管理》2003 年第 15 卷第 1 期。

[98] 杨克泉等:《1978—2007 年科技相关财税政策对企业技术创新促进效果研究》,《新会计》2009 年第 1 期。

[99] 吕炜:《论风险投资机制的技术创新原理》,《经济研究》2002 年第 2 期。

[100] 毕克新等:《中小企业技术创新金融支持体系中外比较》,《商业研究》2005 第 21 期,总第 329 期。

[101] 张小峰等:《中小企业发展的金融支持研究》,《财经问题研究》2008 年第 6 期,总第 295 期。

[102] 王军:《试论我国技术创新融资体系的构建》,《理论导刊》2004 年第 10 期。

[103] 项保华:《我国企业技术创新动力机制研究》,《科研管理》1994 年第 15 卷第 1 期。

[104] 万君康等:《论技术创新的动力机制与期望理论》,《科研管理》1997 年第 18 卷第 2 期。

[105] 谢薇:《技术创新动力机制的 E-E 模式》,《软科学》1997 年第 1 期。

[106] 何亮:《关于技术创新动力机制研究的几个问题》,《科学技术与辩证法》1998 年第 15 卷第 1 期。

[107] 魏江:《完善企业技术创新动力机制的对策研究》,《科学管理研究》1998 年第 16 卷第 6 期。

[108] 陈苗等:《综合的技术创新动力机制分析》,《科技与管理》1999 年第 1 期。

[109] 张钢等:《技术、组织与文化的协同创新模式研究》,《科学学研究》1997 年第 15 卷第 2 期。

[110] 胡哲一:《技术创新的概念与定义》,《科学学与科学技术管理》1992 年第 13 卷第 5 期。

[111] 陈其荣：《技术创新的哲学视野》，《复旦学报》（社会科学版）2000 年第 1 期。

[112] 欧阳建平等：《技术创新定义综述及定义方法》，《中南工业大学学报》（社会科学版）2001 年第 7 卷第 4 期。

[113] 陶然：《美日发展高新技术产业的政策比较》，《当代财经》2003 年第 7 期。

[114] 刘晓明等：《中国改革开放 30 年科技型中小企业的创新与发展之路》，《中国科技论坛》2009 年第 7 期。

[115] 罗大千：《R&D 投入对我国高新技术产业影响的实证分析》，《西南农业大学学报》（社会科学版）2009 年第 7 卷第 1 期。

[116] 杨克泉等：《1978—2007 年科技相关财税政策对企业技术创新促进效果研究》，《新会计》2009 年第 1 期。

[117] 吕洞庭：《股权激励：难道不适合中国国情》，《时代经贸》2003 年第 3 期。

[118] 远德玉等：《战后中日技术发展战略思想比较》，《自然辩证法》1991 年第 7 卷第 10 期。

[119] 日本总务省：《2008 年科学技术研究调查结果概要》，转引自张伟等《日本民生科技发展战略和政策支持体系：经验与启示》，《科学管理研究》2010 年第 28 卷第 4 期。

[120] 王国顺：《企业经营效率的理论研究》，博士学位论文，中南大学，2000 年，第 55 页。

[121] ［美］斯考特·E. 玛斯顿：《交易成本经济学的实证研究：挑战、进展与发展方向》，载［美］约翰·克劳耐维根《交易成本经济学及其超越》，朱舟等译，上海财经大学出版社 2002 年版，第 63—64 页。

[122] ［美］R·R. 纳尔逊：《美国支持技术进步的制度》，载 G. 多西等《技术进步与经济理论》，钟学义等译，经济科学出版社 1992 年版，第 387 页。

[123] 林毅夫：《关于制度变迁的经济学理论：诱致性变迁与强制性变迁》，载 R. 科斯等《财产权利与制度变迁》，刘守英等译，上海三联书店 1994 年版，第 390 页。

[124] 袁真富:《知识产权的异化:囚徒困境》,载王立民等《知识产权法研究》第 3 卷,北京大学出版社 2006 年版,第 18—26 页、第 32—34 页。

[125] 蒋敏:《国外高新技术产业开发区政策法规》,载厉以宁主编《中国高新区论坛之一:地位、作用与开发经验》,经济科学出版社 2004 年版,第 203—209 页。

[126] 杨柳纯等:《国内专利十强深企包揽前五》,《深圳特区报》2009 年 2 月 7 日第 A01 版。

[127] 中国科技发展战略研究小组:《2003 年中国科技发展研究报告》,经济管理出版社 2004 年版,第 4 页、第 54 页。

[128] 张晓强主编:《中国高技术产业发展年鉴(2007)》,北京理工大学出版社 2008 年版,第 42 页。

[129] 张晓强主编:《中国高技术产业发展年鉴(2009)》,北京理工大学出版社 2010 年版,第 3 页、第 24—25 页。

[130] 科学技术部发展计划司:《2009 年我国高技术产业发展状况分析》,《科技统计报告》2010 年第 23 期总第 489 期。

[131] 国家统计局等:《2010 中国高技术产业统计年鉴》,中国统计出版社 2010 年版。

[132] 国家统计局等:《2009 中国高技术产业统计年鉴》,中国统计出版社 2009 年版。

[133] National Science Foundation, Division of Science Resources Statistics, *New Estimates of National Research and Development Expenditures Show* 5.8% *Growth in* 2007 (http://www.nsf.gov/statistics/infbrief/nsf08317/).

[134] 丁茂中:《中国规制知识产权滥用的法律研究》,2006 年 1 月,北大法律信息网(http://article.chinalawinfo.com/article_print.asp?articleid=34804)。

[135] 刘亚东:《重温毛泽东邓小平江泽民关于科技和创新的论述》(http://news.xinhuanet.com/politics/2006-01/08/content_4023958_2.html)。

[136] 胡锦涛:《坚持走中国特色自主创新道路 为建设创新型国家而努力

奋斗》(http://theory.people.com.cn/GB/49169/49171/4012810.html)。

[137]《自主创新 方正人的不懈追求》(http://www.china.com.cn/economic/zhuanti/ky/txt/2006-03/03/content_6141513.html)。

[138]《中共中央关于完善社会主义市场经济体制若干问题的决定》，2003年10月，新华网 (http://news.xinhuanet.com/newscenter/2003-10/21/content_1135402.html)。

[139]《科技成果转化率不足5% 需提高全民族科学素养》(http://www.chinadaily.com.cn/hqgj/jryw/2011-09-30/content_3954393.html)。

[140] 中国科技统计网站 (www.sts.org.cn)。

后　记

　　看着即将付梓的书稿，在感叹光阴如白驹过隙的同时，也对"不经历风雨，怎能见彩虹"有了更深的感受。

　　当我最初查阅文献后，选择"技术创新与制度创新的耦合研究"这样一个方向并提出一份不够成熟且宏大的论文构思时，也曾犹豫和困惑过。但幸运的是，得到导师的指点，决定从企业技术创新成本入手，以制度经济学的角度研究此方面的问题。而开题论证过程中各位老师建设性的意见，让我最终将研究聚焦于"企业技术创新的制度安排"。但是，在进行具体研究时仍感到这个问题很庞大，我也尝试着从理论方面诠释、剖析制度安排在企业技术创新中的地位、制度安排与企业技术创新成本的关系、企业技术创新过程中的制度安排等问题，并从实践的角度加以论证，希望通过典型性例证的研究，总结出有益于减少企业技术创新成本、保持持续技术创新行为的制度安排的规律和路径。实际上，从制度经济学的角度研究创新，前辈学者们业已形成很多研究成果，这也使本人得以站在巨人的肩膀上从制度经济学的角度探讨企业技术创新的问题。当然，本人也期待这样的探索能起到抛砖引玉的作用。

　　此外，另一个更大的收获无疑是：研究中拜读了大量的与企业技术创新及其制度安排相关的国内外学者的专著，收集整理了此方面包括经济学、管理学、社会学、历史学、统计数据等在内的文献资料。精读、泛读间，各种精彩观点让人脑洞大开，颇受启发，有时也会因找到新线索和信息而激动不已。

　　然而，学有所获的过程中，最难以忘怀的是：在众多良师益友和亲人的关心、鼓励和帮助下，我在视网膜脱离术后坚持走完了博士求学之路。

人生得有此幸，让我百感交集……

首先，我要对我的硕士导师董孟雄教授表达崇高的敬意！是先生引导我走入经济学的殿堂，他生前一直关心我的成长，他的高尚品格、治学精神和谆谆教诲将让我受益终身！

在此，我要特别感谢我的博士导师汪戎教授！汪老师严谨的治学态度、渊博的学术功底、开放的思维方式，以及老师真诚、平易、和蔼、民主的人格魅力，深深地影响着我。博士学习和有关研究更是得到了老师的悉心指导和不断勉励，老师对文稿所进行的认真审阅及修改，并给出精心点拨及完善建议，让我受益匪浅。同时，我还要感谢余游教授！余老师知性而善解人意，对我的进步同样给予了极大的支持和帮助。

我还要感谢杨先明教授、张荐华教授、吕昭河教授、施本植教授、罗美娟教授、郭树华教授、伏润民教授、罗淳教授、赵果庆研究员、梁双陆教授！各位老师的学术风格和敬业精神是我努力的方向。而他们对本研究的结构、内容等方面给出的严谨的学术评价和有益的改进建议，开拓了我的研究思路。

同时，也要感谢张林教授、黄宁副教授、李娅副教授、吴明博士等的精专学识和精彩观点给予我的启发！

云南大学商旅学院的领导和同事对本人学习、研究和出版工作方面给予的大力支持，在此要致以深深的谢意！

感谢一路有罗群教授、殷莉芬副研究馆员、朱永明副教授、顾江洪副教授、袁帆博士等好友和同窗的大力帮助和有益探讨！

衷心感谢中国社会科学出版社的郭沂纹老师和李炳青老师的热忱支持、帮助和理解，使书稿终以书的面貌问世！

在研究过程中，本书参考和引用了国内外学者的有关文献资料和研究成果，在此向他们表示诚挚的敬意！

最后，要特别感谢我的家人，是他们陪伴我度过了人生最困难的时光。感谢公公和婆婆视如己出的关爱和支持！感谢父母、姐弟们一直以来的关心和鼓励！感谢我的丈夫，他的爱、体谅、默默付出，是我顺利完成学业，继续探索和研究的重要支柱。感谢聪慧、懂事的女儿，她朋友般的关爱和理解也是我坚定向前的动力。

后　记

　　本书是在本人博士论文完善的基础上完成的。由于本人水平所限，研究仍存在诸多不足，恳请各位专家学者和读者批评指正，以利完善。而书中错漏之处应由本人承担责任。

　　天行健，君子以自强不息！

　　研究无止境……对于正处于加快实施创新驱动发展战略的中国而言，企业技术创新理论和实践方面的问题仍值得不断探索。而我也将以此作为新的起点，鞭策自己加倍努力，继续进行更加深入的研究。

孔莉

2015 年夏于东陆园